ヤマケイ文庫

小屋番三六五日

山と溪谷社編

Y L
Yamakei Library

もくじ

第一章　山小屋の仕事十二カ月

第二章　新しいわが家をつくる

第三章　山小屋に入り、山を見つめる

フォーマット・デザイン＝岡本一宣デザイン事務所
カバーデザイン＝相馬敬徳（Rafters）
カバーイラスト＝Miltata
本文組版・地図制作＝株式会社千秋社
編集協力＝岡村朱万里

本書は、『山と溪谷』２００２年５月号～２００６年３月号の連載をまとめた単行本『小屋番三六五日』（２００８年１０月刊行）を再構成し、文庫化したものです。原則として当時のデータを踏襲していますが、一部、加筆・修正しています。

第一章　山小屋の仕事十二カ月

第一話　山小屋の「正月」

山口孝（涸沢ヒュッテ）

毎春、四月に入ると胸がワクワクとしてくる。雪の穂高《ほたか》・涸沢《からさわ》にすでに心が飛んでいるのだ。

雪の量はどれくらいか、雪崩でヒュッテが壊れていないか、入山日の天候は？　そしてヘリコプターは順調に飛ぶのだろうか……。

そんな心配事が多いのだが、なぜか遠足前夜の小学生のように心が躍る。このときめきは何歳になっても変わらない。真っ白な雪に閉ざされた穂高の懐にだれよりも先に飛び込んでゆくのだ。心が躍らないわけがない。四月は山小屋の正月なのである。

＊

ヘリで入山するようになってから二十五年以上（二〇二〇年現在では四十年以上）経つ。それ以前はすべて歩くしかなく、涸沢までの道のりは遠かったし、雪崩もあり、危険な入山を繰り返していた。

中ノ湯から釜トンネルに入り、初日は夕方に徳澤園の冬季小屋にやっとたどり着く。なにしろ四十キロ以上の入山食料を背負って脚のつけ根までもぐる雪道を歩くのだ。

翌朝三時に徳沢を出て、横尾橋でおにぎりをほおばり、沢沿いにびっしり詰まった雪の上を、ワカンをつけてズボズボと、ひたすら涸沢をめざして歩く。

午後三時ごろにようやく涸沢ヒュッテに到着するが、みな疲労困憊でクタクタ。とりあえず二階の窓から食料と体を入れて、寝る所を確保する。その日は、とにかくヒュッテに入り込むだけで精いっぱいなのだ。

次の日から毎日、雪との格闘となる。

当時は、昔の氷屋さんが使うノコギリとスコップしかなく、雪崩で固くしまった雪を切るのは大変な作業だった。その後、チェーンソーを使うようになり、今では四台の除雪機が活躍している。これのおかげで、以前に比べて作業はずっとラクになった。なにしろ一台で十人以上の仕事を確実にこなしてくれるのだから……。

おかげで今では、ヒュッテの建物すべてを十日間ほどで掘り出せる。昔では考えられないスピードだ。それでも、入山してから小屋が営業できる状態にするまで、十人でめいっぱい除雪しても十日かかる。

涸沢ヒュッテの屋根の上には、雪崩で固くしまり、岩をも含んだ雪が五メートルほどもあるのだ。ほかの山小屋では信じられない量である。それゆえに、小屋開け作業だけでざっと五百万円ほどもかかってしまう。しかし、この作業なくしてはヒュッテが開かないのである。

入山初日は、上高地から涸沢までヘリが十便飛ぶ。人と食料を上げ、その日のうちに玄関、トイレ、エンジン室を掘り出す。初日は布団も凍っている。着のみ着のままで豆タンを抱いて、自分の体温で布団を温めるようにして寝るのだが、それでも寒くて、ウトウトするくらいがせいぜいだ。

＊

小屋の内壁は冷凍庫のように霜だらけで、天井に張りついた氷がストーブの熱気でボタボタ落ちてくる。どうにか電気をつけて、みなで入山祝いの一杯をやるわけだが、これがじつにうまい酒なのだ。懐かしい山仲間と今年もまた雪の穂高に来られたという充実感と、これから始まるぞ、という期待感が交差してなにやらうれしい。

二日目から、新館、本館、新別館、別館と四カ所の建物を順次、掘り起こしてゆく。二〇〇〇年の春はとくに寒くて、水が出ず、北穂沢の水場から水が来たのは、連休最後の五月五日になってからであった。こんなに遅くまで水が出なかったのは初めてのことだ。

仕方なく、毎日、屋根の上に積もった雪を溶かして過ごしていたが、小屋番用の風呂に入ることができたのは入山二十日後となってしまった。それまでも、ボイラーでお湯を沸かして体をふいてはいたものの、風呂につかるのは最高の気分である。やはり水は命の源だと感じたものだった。

春の連休のピーク時にはテントの数も三百張りを越えるにぎやかさとなり、それぞれのパーティは思い思いに雪の穂高を楽しむ。ヒュッテ屋根上の鯉のぼりめざして、常連のお客さんも大勢登ってくる（おでんと生ビールを楽しみに……）。

朝晩の冷え込みが厳しい日は、いちだんといい天気になり、日中は目も開けていられないほどのまぶしさとなる。

この時期、真っ青な空をバックに、真っ白な雪を抱いて悠然と黒光りしてそびえたつ穂高の岩稜は、今も昔も、涸沢を訪れた岳人たちを魅了してやまない。

今年も、もうすぐ穂高の「正月」がやってくる。

涸沢ヒュッテ

北アルプス・穂高登山の中継基地ともいうべき涸沢に建つ。涸沢は夏でもスキーができるほど残雪が多く、涸沢ヒュッテは谷の中心に位置するため、冬の間はとりわけ多量の雪におおわれる。開放的なテラスから見る奥穂高岳、涸沢岳の風景には定評があり、紅葉の時期には多くの山岳写真家が訪れる。
立地＝涸沢圏谷中央、標高約２３００メートル。上高地から約６時間
収容人員＝２００人
設立＝１９５１年

第二話　尾瀬の季節

星菊芳（原の小屋）

尾瀬に初雪が降るのは例年十月初めのころ。燧《ひうち》ヶ岳や至仏《しぶつ》山にうっすらと雪化粧を見ることができる。湿原を取り巻く山々の鮮やかな紅葉に白くかかった雪。そのさまもなかなか風情があり、ここに朝日が差したら言葉では言い表わせないほどの感動を覚える。

本格的に根雪となるのは、木々の葉が落ち、生き物たちが冬支度を整えた十一月末ごろであろう。そして尾瀬は長く深い休息の時を迎えるのである。

一月、二月、三月、厳冬の尾瀬。

来る日も来る日も降り続く雪。北風に吹かれながらすべての生物をおおいつくしてしまう。雪と風がもたらす自然の造形は、汚れを知らない美しさがあるが、雪国に住むものにとってはまさに雪との苛酷な闘いなのだ。

＊

その厳しい真冬のなか、われわれは山小屋の除雪のため、尾瀬に向かう。

尾瀬の積雪の状態を知る目安は、地元・檜枝岐《ひのえまた》の積雪量を見て判断し、除雪日程を調整するにはまず天気予報。積雪量、除雪隊の確保で調整・決定する。

雪の多いときで三泊四日、少ないときで二日間という日程を組むのがほとんどである。数年前まではは山スキーで往復していたので時間的にも体力的にもなかなか大変だったが、現在は上山時《じょうざん》にはヘリコプターを利用するので、除雪作業がずいぶんスムーズに行なえるようになった。

小屋に到着すると、すぐ作業にとりかかる。

屋根にはすでにおよそ四メートルもの雪がのっており、雪庇はまさに「化け物」と呼ぶにふさわしいほどに、軒先から三メートルもの厚い物体となってせり出しているのである。

強風のたびに何層にも波打ってできるそのさまは、自然がおりなす芸術作品といえるが、この雪庇が建物を壊すのだと思うと感心してもいられない。

われわれは六、七人のメンバーで、スノーダンプとスコップを使い、次々に屋根の雪を下ろしていく。人間の力で作業するのだから、持久力と経験と技をもってしなければ、すぐにパワーがなくなってしまう。

冬の日没は早く、汗をかいた体が冷えた外気にさらされないうちに一日の作業を終え、小屋に入る。薪ストーブで暖をとり、食事の支度にとりかかる。メンバーがなかなかの料理人で、酒の肴がすこぶるおいしい。仕事のあとの酒も、疲れた体に心地よく、酒盛りも絶好調となる。メンバーそれぞれが除雪のベテランで、よきアドバイザーでもある。

雪が降りしきる日には、翌朝、除雪したばかりの屋根に、また四、五十センチの雪が積もっているのを見てうんざりしたりもするのだが……。

ともかくも、こうして除雪を終え、スキーで三時間の道のりを下山。毎年、この除雪という大役を果たした安堵感のなかに、メンバーの惜しみない協力を深く感謝する。

この厚い雪の下でじっと春の雪どけを待つたくさんの高山植物、冬芽をふくらませつつ待つブナやダケカンバの木々、やわらかな日差しを待つ野鳥たちのさえずりに、「また会えたんだね」と喜び心躍らせる。こうした雪どけの願望が強ければ強いほど、自然の美への想いが限りなく続くものである。

＊

そして上山を迎える尾瀬の五月、春のやわらかな日を浴び、そこにはもう雪どけが始まっている。閉ざされていた小屋に日差しを入れ、窓を拭き、畳を拭き、小屋開けの準備に余念がない。

屋根いっぱいに布団や毛布を敷きつめ、ふかふかに干す。ときどき屋根に寝転んでみる。太陽のにおいをかぎ、青空を見上げ、全身で自然を感じる喜びのひとときである。

日ごとに雪は消え、五月も半ばを過ぎると、登山道には残雪があるものの、湿原の雪はほとんど消える。ザゼンソウやワタスゲの花が顔を出し、雪どけ水のなかでリュウキンカやミズバショウがじつに可憐な姿を揺らしている。いよいよ木道を歩くハイカーたちでにぎわうシーズン到来だ。尾瀬を代表する花、ミズバショウの最盛期を迎えると、週末の山小屋は大忙し。

山の朝は早く、まだ夜明け前に起き、朝食の準備やおにぎり作りが始まるのだ。お客さんもカメラ片手に朝もやにけぶる湿原を眺め、日の出やすがすがしい空気に感動される。

朝食の片付けや掃除が終わり、昼食をとると、もう次のお客さんが到着する。とくに「また来たよ」、そう言ってくださるお客さんには、ただただ頭の下がる思いである。

一日のなかで最も忙しい時間帯は夕食時。食堂が狭いため、入れ替えで食事をとっていただくので、われわれスタッフの円滑な段取りが要求され、最も神経を使う仕事でもある。

また、ときとしてこういう時間に多いのが、捜索、急病人、ケガ人などの発生である。日中なら防災ヘリコプターを要請できる場合もあるが、悪天候や夜間だと、担架で運ぶより手だてがないのだ。そういうときは各山小屋からひとりずつ出て、にわか救助隊を結成し、搬送する。山道はアップダウンがあるので、担架で運ぶのも、前後ひとりずつ交代で行なう。約九キロの道のりを無事運び終えたものたちの顔には、満ち足りた表情が浮かんでいる。そして満天の星を眺めながら帰路につくのである。

*

六月中旬ごろになると、山はいっそう緑が深く、ツツジやウワミズザクラの花が甘い香りを漂わせる。湿原には次々と高山植物の花が咲き、思い思いの色と姿で、見る人たちに感動を与えてくれる。

ワタスゲの穂が風にゆらぎ、湿原をオレンジ色に変えるニッコウキスゲが咲き競うのは七月。

長く深い休息の時があったからこそ、生物はその美しさを精いっぱい表現できるのだろう。こんなとき、ひとり木道に立ち、心やわらぐ自分を感じるのである。

原の小屋

6軒の小屋が建つ尾瀬ヶ原の中心的拠点、下田代十字路に立地。通称「見晴」と呼ばれる下田代十字路からは、見渡す展望がすばらしく、とくに広大な尾瀬ヶ原とそれに続く至仏山が美しい。すぐ裏手の燧ヶ岳登山にも便利である。2020年現在、山と溪谷社が経営を引き継いでいる。

立地＝下田代十字路、標高1400メートル。鳩待峠から約3時間、御池から約3時間30分
収容人員＝170人
設立＝1958年

第三話　山岳トイレ只今研究中

只木貞吉（丸川荘）

わが丸川荘は、大菩薩嶺《だいぼさつれい》の北西に位置する丸川峠（標高約一七〇〇メートル）に建つ小さな小屋です。発電機もなく、夜はランプの明かりを灯します。大菩薩の表コースと違って車による荷揚げはできず、物資はすべて人が背負って運びます。人通りも、表コースと比べて少ない所です。

私が小屋を引き継いだのは一九八〇年。ちょうど各山域の水質が問題になりはじめたころでした。そのせいもあり、山のトイレに関心をもつようになりました。それまでは、各山小屋のし尿処理は、穴を掘って埋める方法が一般的でした。もちろん、丸川荘でもそうしていたのです。

山のトイレを考えるとき、一九九六年の「第一回山岳トイレコンクール」のことが思い出されます。

当初は、日本トイレ協会からの応募用紙を前に、山小屋のトイレ事情を理解してのコンクールなのだろうかと、疑ってさえいたものです。どうせ賞の対象にはならないだろうから、この機会に、今、取り組んでいることとともに私の意見を添えて提出しました。

忘れていたころ、トイレ協会から「山のグッドトイレ賞」に選ばれ、式典に出席を求める通知が来たのにはびっくりしました。電話で確認したぐらいです。すると、事務局長が「努力している姿が見えたのです」と話してくださいました。この受賞でいろいろな知識を得て、本格的にトイレ問題に取り組むことになりました。

このころは自分でいろいろと考え、実行し、ある程度の成果が出ていた時期でした。一九九〇年秋、チリ紙からの悪臭とその量の多さを解決すれば、においを少なくできるのではと考え、分別を始めていました。すでに分別を考え、実行していた山小屋があったことはあとで知りました。チリ紙分別箱は、「ふた付きの箱が必要よ」との女性からの意見を取り入れて手作りにしました。そのチリ紙は焼却します（二〇二〇年現在、ゴミは里に下ろしています）。

次に、悪臭とハエを少なくし、室内を明るくすることを目標にしました。まずは、便槽にいろいろな薬剤を投入することを試してみました。しかしさほど効果がなく、困っていたところ、なにげなく虫殺しの乳剤の使用をやめてみると、においが少しずつ弱くなりました。そんなわけで、その後は化学薬品は入れていません。まだ研究中（大げさですが）なのですが、ＳＫ菌、茶の実粉末、木酢液、そのほかを投入し、現在はほとんどにおいません（二〇二〇年時点ではバイオマーレRと木酢液、そのほかを使用しています）。

ときどき、「どうしてにおわないのか？」と聞かれることがあります。気がつく人もいるのです。

最終処理は、二、三年ごとに木の根元に、枯れ葉、バクテリアなどといっしょに埋めます。量が少ないこともあり、一年ほどで土に還っています。周りの植物を観察もしていますが、変化はありません。気のせいかほかの木より太く、元気なようです。

こうして、チリ紙分別とバクテリアなどの投入によって、無臭化と減量、そしてハエが減りました。

ハエについては、ペットボトルを利用した無害のハエ取り器も作り、効果を上げています。しかし、構造上、ハエが完全に消えるまでにはいきません。ハエに対して敏感な登山者は大騒ぎすることもあります。

しかしハエたちにも繁殖期があり、それが鳥の子育てに貢献してもいるのです。防虫スプレーを使ったりするよりはよほどましと思うのですが……。

さらに、液体と固形物の分離を考え、便器を全部手作りにしました。それには小さなタンクをひとつ埋める必要があったのですが、行政側から許可が下りませんでした。

当時はまだ山岳トイレ問題が浮上していなかったので、時期尚早だったのでしょう。

＊

こうした問題について、昔の登山者はどのように行動していたのか、考えることがあります。

私が登山を始めたころの山小屋のトイレは、どこも虫殺しの乳剤のにおいと混ざった、特有のにおいが漂っていました。日常生活のトイレも同じようなものでした。におってくると山小屋が近いと感じたもので、山小屋とトイレの間が離れていた所もありました。しかし、登山道での排泄物、チリ紙を見ることはなかったように思います。

十数年ほど前から登山ブームが再び起き、登山道での排泄物、チリ紙がめだつようになりました。沢の水質、生態系への影響、オーバーユースなどの問題も取り上げられるようになり、山岳トイレについてもだれもが考えるようになってきました。

そうした流れのなか、ペーパー持ち帰り運動が少しずつ広まってきたのか、以前よりもチリ紙の散乱は少なくなってきました。

丸川荘の周りでも一時は多く見られました。拾いながら、「食事したり昼寝をしたりする所、しかも、いつだれが通るかわからないのになぜ」と怒りを感じたものです。

しかし現在は、またひとつ新しい問題が出てきているのが現実です。それは小便跡です。人間が小便をした跡を動物が掘り起こし、その結果、小さな裸地化が広まっているのです。はじめは盗掘跡と思っていたほどです。以前は見なかったのですが、食生活の変化によるものでしょうか。

＊

当山荘のトイレにもどります。

無臭化が進むにしたがって、さらに、分別お願いステッカーが各山小屋に張られるようになってから、チリ紙の分別率は高くなってきました。

「しゃべる募金箱」をトイレに取り付け、泊まり以外の方には五十円（現在は百円）の募金をお願いしたりもしています。ときどき、山岳クラブから寄付を受けることもあります。それらのお金でバクテリアなどを購入し、維持・管理ができています。

ところで以前は、トイレ使用前に声をかけ、使用後には「ありがとう」が聞かれました。このごろは、無断使用の人がめだち、「ありがとう」の声も少なくなりました。今の時代を反映しているのでしょうか。団体の場合には、リーダーの役割が問われる場面でもあります。

私は断って使用することがマナーだと思います。無断で使用する人ほど、すべての面で非協力的で、山のトイレの事情を理解していないように思います。大部分の山小屋は個人で維持・管理しています。このことをわかってほしいと思います。

近ごろでは各トイレメーカーでも、山岳トイレを意欲的に研究開発しており、環境への影響が少なく、快適さの面でもすばらしい設備装置が出てきています。しかし、利用者のマナーによっては、設備と自然に負担がかかり、都会と同じものを求めるとなると、メンテナンスとコストの問題が避けられません。

まだまだ勉強することばかりで、問題は山積みの山岳トイレ。この小さな小屋で、理想的なトイレ作りをめざして只今研究中なのです。

（二〇二〇年現在、女子トイレには液体と固体分離の手作り便器を使用していて、深く呼吸してもにおいがないトイレです。ただし近ごろは時々、使用したチリ紙を便槽に落とす方がいます。そんな方が多くいると、どうしてもハエやにおいが発生します。チリ紙等の分別にご協力ください）

丸川荘

大菩薩嶺への登山者が集中する上日川峠コースから北西に離れた丸川峠に建つ。峠は開けた草原状になっており、富士山の眺めがよいことで知られている。小屋のホームページも開設されている。

touge17.sakura.ne.jp

立地＝丸川峠、標高１７００メートル。裂石登山口から約2時間20分

収容人員＝15人

設立＝１９６６年

第四話　穂高のいちばん長い日

宮田八郎（穂高岳山荘）

七月二十日「海の日」——この祝日ができたことでどれほどの人たちが「海」へ出かけるようになったのかはわからない。しかし、この「海の日」のころ、「山」には人が増えた。それもハンパな数ではなく……。

二〇〇〇年の七月二十一日。この日はあろうことか、穂高岳山荘の宿泊者数は七百三十人を超えた。七百三十人というと、山荘収容人数の倍以上（当時の定員は三百人）に相当するのである。

＊

午前四時。常念岳《じょうねん》の向こうの地平線が紅く染まってきた。山荘の窓には、ご来光を待つ人々の姿がシルエットとなって浮かぶ。

山荘スタッフのなかでも、早番のものたちはもう起き出してきて、飯釜に火をつけたり、湯を沸かしたりと、お客さんの朝食の準備に忙しい。発電機が始動し、常夜灯から明るい照明へと切り替わると、小屋は命が吹き込まれたように活気づいてくる。

四月末に営業を開始して以来、五月の連休に多少の登山者を迎えた以外は、ほとんど開店休業みたいな状態であったのが、前日の二十日は宿泊者数が今年初めて二百人を超えた。いよいよ夏山シーズンの到来である。ぼくを含めた山荘従業員たちは、この日に向けてさまざまな準備を進めてきたわけで、四月の入山時には数メートルもの雪に埋もれていた山荘が、こうしてまた多くの人々でにぎわうようになった姿を見ると、なにやら感慨すら覚えるが、そんな思いもつかの間。食堂の窓からご来光が差し込み、小屋の中が茜色に染まるころになると、早発ちを願うお客さんで食堂はもう満杯である。あわただしく夏の一日が始まった。

スタッフの朝食のあと、客室の掃除となるのだが、その日のお客さんの見込み数によって、いくつかのバージョンがある。この日は、すべての客室を収容人数いっぱいにセットすることにした。今日はなんと予約で三百を超えているのだ。

「予約」といっても、山小屋では、それはせいぜい事前連絡という意味くらいのもので、下界の宿のように、予約をしていないからといって「今日は満室なのであしからず」というわけにはいかない。もしもそんなことをすれば、登山者の方はおちおち穂高の稜線を歩けないし、遭難事故にもつながる。そもそも穂高岳山荘の創設者である今田重太郎さんも、登山者の安全を願うがゆえにこの地に小屋を建てたのであって、穂高岳山荘を訪れて宿泊を望む登山者がいれば、それをお断りすることなどはありえない。だから予約の倍は宿泊者があると考えなければならない。

さて、その予想に違わず、昼前には涸沢からのザイテングラートに登山者が列をなして登ってくる。山荘の前の石畳のテラスも大にぎわいとなってきた。「この勢いやと、こりゃあとんでもない数いくかもしれんゾ……」と、夕食の目標数を七百と決めて、さっそく仕込みに入ってもらう。

七百人分の食事を用意するとなると、キャベツの千切りひとつとっても大変な量である。そして、売店ではラーメンやコーヒーなどのオーダーがひっきりなしに続くようになってきて、「だれか手の空いてるヒト！　ラーメンのどんぶり洗ってェ！」と大騒ぎ。受付の女の子は、四、五人のお客さんからいっせいに話をされて、「ちょっ、ちょっとお待ちください。順番に！　順番にお願いしますっ！」と悲痛な声を上げている。とにかく、なにやらしらんが、あらゆることが忙しくなってくる。

そして、この「海の日」が山小屋にとって鬼門となるのは、このシーズン初っぱなのころでは、アルバイトたちの数も経験も充分ではないことも大きい。アルバイトのなかには、押し寄せるお客さんにまじって、この日に山荘へ登ってくるものもいて、山荘に到着するやいなや洗い場に立ち、その後延々八時間にわたって皿を洗い続けたという悲惨なものもいた。

午後三時を過ぎても宿泊申し込みはとどまるところを知らず、ついに「ハチローさんっ！　あと二十で部屋いっぱいです！」と受付の女の子が告げるに相成った。しかし受付に並ぶ人の列はまだまだ続いているありさまで、いったい宿泊数が何人になるのかわからない。

これが最初から「今日は何百何十人」とわかっているのなら、それが六百であろうが七百であろうが、話はそうむずかしくない。小屋の物理的なスペースが決まっている以上、その割り振り方は決まってくる。しかし、五百五十なのか六百なのか六百五十なのか、ひょっとして七百を超えるのか……これがわからないため、スペースの割り振りにはとことん頭を悩ませることになる。通常の部屋に入りきらなくなると、「整理番号」と呼ばれる番号をお客さんに割り振ってゆくことになるのだが、「すみませーん。もうお部屋いっぱいなんですぅ。のちほど寝る所はご案内いたしますのでお待ちくださいネ」などと受付の女の子が言うわけで、お客さんは目が点になる。

押し寄せるお客さんの対応でてんてこ舞いの受付も大変だが、厨房でも夕食出しの準備に大わらわである。食堂の席が八十四席で、これを一ラウンドとして、ざっと八回は入れ替えが必要となりそうだ。一ラウンド約三十分として、およそ四時間……。通常の五時スタートだと最終回は九時ごろとなってしまう。それで開始時刻を繰り上げて始めるわけなのだが、一ラウンドが五分でも長引けば、トータルで一時間ほど遅れてゆくことになるから大変である。

まさかお客さんに「早よ食え」とは言えないので、時間短縮のためには少しでも入れ替えをスムーズにするしかない。スタッフはみな必死である。おおむね小屋への到着順に食事をしていただくのだが、早い回のうちはともかく、夜も八時を回るころになると、寝る場所も決まっていないお客さんから「おいっ、いい加減にしろよな、飯もまだかよぉ」と詰め寄られたりもする。人間、腹が減っては腹が立つ？　のは重々お察しするのだが、「すみませんっ、もうチョット、もうチョットだけお待ちくださいっ」と答えつつ、食器の撤収を急ぐのだ。

さて、この日、九ラウンドを数えた客食が終了し、部屋の割り振りもどうにかこうにか格好がついたのが九時半。スタッフたちは、ようやくありつけた夕食もそこそこに、明朝お客さんにお渡しする弁当作りにとりかかった。その数ナント五百三十個！

これを作り終わったのは日付の変わる直前であった。ヘトヘトになったスタッフたちに「お疲れさん。ほな明日は、みんな三時起きナ！」と、鬼のような支配人のひと言でこの日の幕は閉じた。

＊

この日、八時を過ぎても夕食を待っていただいていた家族連れの、小さな女の子の疲れきった表情が忘れられない。忙しく立ち回りながら、せっかく穂高に訪れてくれたのになにもしてあげられないことに、腹が立つやら情けないやらで切なくなった。

この穂高岳山荘は、オーナーの今田英雄さんの理念あふれる小屋で、「太陽のロビー」をはじめとしたその設備は、山小屋として高いレベルのものであると自負している。だが、定員の倍以上もの宿泊者が押し寄せたとあっては、この小屋のよさを発揮することなどままならないし、この穂高のすばらしさを満喫していただくこともできようがないと思う。ぼくにはそれが悔しく、やりきれない思いがするのである。

あの女の子は、再びこの穂高へ訪れてくれるであろうか。もしも、もう一度この山荘へ泊まっていただけるのであれば、そのときはなにがなんでも「海の日」の連休以外に……と願わずにいられない。

穂高岳山荘

北アルプス・奥穂高岳直下に立地し、奥穂高岳登山の最終基地となっている。風力発電をいち早く取り入れたり、本格的なビデオ機材を導入して穂高の自然を紹介するなど、新しい試みに熱心なことでも知られる。創設者は、前穂高岳の重太郎新道を開削し、穂高開拓期に活躍した今田重太郎さん。1994年から2006年まで支配人を務めた宮田八郎さんは、2018年4月に南伊豆で不慮の事故により逝去された。現支配人は中林裕二さん。

立地＝穂高・白出のコル、標高2996メートル。上高地から約8時間30分、新穂高温泉から約9時間　収容人員＝250人　設立＝1924年

第五話　小屋番山岳救助隊

佐々木 泉（阿曾原温泉小屋）

一九九六年十月の休日、裏剱《うらつるぎ》の紅葉を楽しんだ登山客が大勢下山してきて、あと四時間もすれば、受付やら食事の呼び出しやらで、小屋もテン場も大混乱になるはずである。

突然、「仙人温泉から阿曾原《あぞはら》さん」と、少しうわずった声で遭対無線がわめき出す。この声といい、時間帯といい、「あちゃー」と、手伝いにきていた稲葉と顔を見合わせる。

無線によれば、枝沢の雪渓をトラバース中の登山者のひとりが、足元から崩れ落ちたブロックに埋まってしまい、すき間からのぞくとまだ生きているようだが、ブロックが大きく硬いため、どうにも手が出せないとの、目撃者からの情報だという。

現場は、ふつうに歩いて阿曾原から二時間足らず、仙人温泉からなら十五分の距離。例年なら、この時期に雪渓など残るはずもなく、素直に沢に下りて、また道にもどればよいところであるが、前年の大雪のおかげで標高一三〇〇メートル前後のこの沢にもどっさりと残ってしまった。

いやなことに、夏の小雨のため、表面のとけ方が遅く、やたらと高く残っている。そのトレースの中間部には穴が開きはじめているのが見えていたが、たとえ渡り出してもひと目で危険とわかるはずで、迂回するなりあともどりすれば危険は回避でき、実際、ほとんどの登山者は、本谷出合まで迂回していたそうである。しかしその遭難者は、雪渓に亀裂が走る音がしているのにもかかわらず、トレースどおりに歩き出し、雪渓崩落に巻き込まれたらしい。

警察に応援要請するとともに、現場へ走る準備をする。この日はたまたま、いつも頼りにしている、小屋の「大仏」(番頭さんの愛称)が、唐松岳《からまつ》方面の登山道整備のため、ブロックを切るのに有効なチェーンソーともども留守だった。

男は私と稲葉だけ、ほかは女性軍ばかりである。そこでふたりだけの出勤となる。彼も私同様、県警で山岳救助に携わっていたが、前年、K2登山隊に参加するため退職した男で、救助現場では百人力だ。

遭難者は、ケガも心配だが、雪のブロックに囲まれて冷凍庫状態のはずである。時間との勝負だが、県警は北方稜線での事故が重なっており、隊員の手配に時間がかかるとのこと。気合を入れて走るしかない。剣スコップを担ぎ、腰にはノコギリとナタをぶら下げ、地下足袋姿で現場へ走る。次々すれ違う登山者の多さに、小屋の混乱を考えるとちょっと心配になるが、そんなことは言っていられない。

もう少しで現場という所で仙人温泉の主人と状況報告の無線会話中、突然、「あっ」という声に続いてガサガサとノイズが入り、同時に、「バフッ」と低く重たい音が谷に響きわたる。どきっとするが、主人は安全な場所にいたらしく、すぐに元気な声が無線から聞こえてホッとする。そういえば二週間前に阿曾原谷の雪渓が崩壊したとき、半日かけて次々と崩れ出し、みるみる粉々になっていったのを思い出す。

そこからすぐに現場に到着したものの、遭難者を埋めているブロックはさまざまな形の塊で、大きなものでドラム缶大、それがいくつも折り重なっており、青白く光っていかにも硬そうである。

頭上七、八メートルの高さの少し上流側には、下辺にクラックの入ったスノーブリッジがおおいかぶさり、奥から冷気にのって強弱をつけながら聞こえる沢の流れと、雪のとける滴の音だけが強調され、やけに静かで、わき出るガスが不気味さをあおる。

すき間から遭難者に声をかけてみると、かすかに返事があるが、発生から一時間以上経過している。急がねば。

すぐにブロックと格闘を始めるものの、足場もわるく、とにかく硬い。力まかせにやろうにも、遭難者を傷つけてはなんにもならない。

ようやく上半身の一部と足先が見えてきた。もう少しだと気合を入れ直したとき、突然「バシッ」と乾いた音がする。思わず上を見上げたところで、今度はもっと大きな音がする。ふたりともとっさに下流に向かって、ブロックを飛び越して、草付まで駆け登る。

振り返って雪渓を見ようとした瞬間、「ばっふーん」、爆音とともに、冷たい飛沫に打ちのめされる。かなり大きな崩壊であったが、幸い、遭難者のすぐ上で新たなブロックは止まっている。しばらくようすを見て、もとの静けさにもどったところで作業再開。いつ、また崩れるかもわからず、遭難者の体温低下も心配である。早く助け出し、安全な所へ運ばねばと、いっそう力が入る。

上半身が現われたところで、少々痛いかもしれないが強引に引き出し、草付まで運んだ。そこに県警ヘリが到着。雲行きがあやしくなってきたのにさすがである。

やれやれ、これでなんとか助かるだろうと気がぬけたとたん、すれ違った登山者の多さを思い出した。小屋に連絡を入れると、やはり大混乱らしい。

小屋に帰ってからの対応を考えると、さむーい気持ちになったが、これも仕事のうちと腹をくくり、「すみませんでした」を口ずさみながら小屋に駆け下る。

案の定、予想以上の大混乱。「あちゃー」と思いつつ受付に座ると、お客さんたちが、次々と私たちふたりに、ごくろうさんと声をかけにきてくれて、うれしいやら、照れくさいやら、ほっとするやら、不都合だったろうに申し訳ないやら……。

やっぱり山のお客さんっていいよなーと、ひとりあったかくなれた一日だった。

阿曾原温泉小屋

北アルプス・黒部川沿いの阿曾原に立地。露天風呂があり、秋には下ノ廊下や裏剱を歩く登山者でにぎわう。近辺は名だたる豪雪地帯で、例年遅くまで雪渓が残る。冬季は雪崩があまりに激しいため、一度、建物を取り壊し、シーズン前に再び組み直している。主人の佐々木泉さんは、元富山県警山岳救助隊員。

立地＝黒部川阿曾原谷右岸、標高９００メートル。欅平から約4時間、黒部ダムから約8時間30分　収容人員＝50人　設立＝１９４９年

第六話　ボッカの哲学

草野延孝（鍋割山荘）

山の用語で荷揚げを意味するのに最もふさわしい言葉は「ボッカ（歩荷）」であろう。大きな荷を背負ってけわしい山道を登る姿は、まさに荷が歩いているように見える。語源を調べると、ほかにもいくつか有力な説があり、歩荷という字はあとでこじつけてあてたような感もあるのだが……。

学校の山岳部やワンゲル部、社会人の山の会で活動した人なら、だれしも重荷にあえぎながら山を登った経験があるはずだ。夏山で十日間の縦走登山をやると、だいたい四十キロ、岩登り定着十日間を加えると六十キロほどの荷にもなる。一般登山者や学生登山者にとって、自分の体重近い荷を背負って何時間も登ることは至難のわざだ。標準コースタイムの三倍くらいかかってしまうし、体はガタガタになってしまうだろう。

しかし最近では装備・食料ともに軽量化が著しく、交通機関の発達のためアプローチが短縮され、三十キロ以上の荷を担いでいる人はほとんど見かけない。

これは私の特論なのだが、自分の体重以上の荷を背負って登ってこそ、歩荷の字が生きてくる。「強力《ごうりき》」という言葉も歩荷と同じ意味で使われるが、四十キロ以下の荷を背負っている人は「弱力」と言うといいのではないかとつねづね考えているくらいだ。

かくいう私も、大学山岳部の新人合宿で初めて二十五キロ背負わされたときは、肩をいやというほど締めつけられて、箸が持てないくらい手がしびれてしまった思い出がある。若い体は鍛錬するほど強くなるものだなと実感したのは、それから四年後のことである。四国の石鎚《いしづち》山で、本当のボッカとの出会いが私の人生を変えてしまったのだ。

そのころ、貧乏学生にとって、山の資金稼ぎのアルバイトが石鎚頂上小屋へのボッカだった。ここは、背負い上げた目方によって賃金が決まる、まさに実力主義の世界だった。私は山に行きたいため、夢のヒマラヤに行きたいがため、七、八十キロの荷を一日三回、頂上小屋へ担ぎ上げた。

山小屋の荷は山岳部の荷とはまったく異なる。ありとあらゆる生活物資、商売道具を背負わなくてはならない。長さ四メートル以上の角材や風呂桶、布団を一度に十五枚とか、持ちにくいものがほとんどである。そして一度背負ったからには責任をもって山頂へ届けなければならない。今日は体調がわるいからと、途中で荷を投げ出すわけにはいかない。必死になって渾身の力をこめないと重い荷は上げられなかった。百キロを超える荷も何回かあった。最高で百六キロ担いだこともあり、自分だけが本当のボッカだと思ったりもした。三年後、丹沢《たんざわ》で山小屋をやろうと決意した背景には、自分のボッカに対する絶対的な自信もあったのだ。

世の中はどんどん便利になって楽な生活になっていくのに反して、交通手段もなく、水、電気、ガスも自前で確保しなければならない原始的生活に近い山小屋をあえて選んだ自分は、世間では変人と見られるかもしれない。しかし同じ苦しみを味わって山に登ってくる仲間もたくさん増えている。自分の所有ではないが、好きなように山小屋を運営させてもらうだけで充分だ。

山小屋の運営には、毎日のボッカだけでなく、建物や施設づくりから飲食営業などの旅館業務を兼ねて行なわなければならない。さらに、動植物に精通し、キノコや星座についても知っておかねばならない。だが、いちばん大変なのは、やはりボッカであろう。小屋の建築も大変なことではあるが、試行錯誤しながらなんとかできるものである。

夜明け前に角材や丸太を七、八十キロ上げ、午前中にスーパーマーケットの仕事をして、午後からまた資材を上げるという、かなりハードな労働を二カ月以上繰り返し、

五、六トンの資材がやっとそろう。木材や板などの建築資材は長いものやかさばるものばかりで、運ぶのにたいへん苦労する。

こんな大きなもの、本当にボッカで上げたのか？　と、一見信じがたいようなものも小屋にはたくさんあるが、じつは山小屋そっくりそのまま担ぎ上げたのである。建物の重量だけで六、七十トンになろうか。ほかのもろもろ合わせると五百トンをゆうに超える量である。

私は、この三十二年間で七千二百回以上のボッカをこなしていることになる。そのうち最高は百十四キロで、百キロを超えたことも数十回、平均すると一回八十キロくらいだ。

そんな私も二〇〇八年の十月で六十歳になる。私の体を心配していろいろとアドバイスしてくれる人もいる。ヘリコプターを使えとか、若いボッカを雇えとか、荷を軽くして楽しないと早死にするとか……。しかし、私が山小屋を運営していくうえで絶対に妥協できないポリシーが、ボッカだけで荷揚げすることなのだ。

大きな山域の近代化された山小屋では、すべての物資をヘリコプターで調達し、経営者は歩かずに入下山できるという。しかし私には、人力でやれる範囲で山小屋を運営していくことが、自然に最もやさしい方法だというゆるぎない信念がある。

歳とともに体力も気力も落ちるのは当然である。しかしヘリコプターや大勢の荷揚げ要員を雇う必要はない。自分の体力相応の荷を背負ってがんばればよいと思っている。

十年ほど前から、鍋割山の登山口に、一、二リットルのペットボトルを置いて、登山者に水を運んでくれるように呼びかけた。こうしてボランティアで運んでくれる人がどんどん増えて、不足ぎみだった水も充分確保できるようになった。一人二リットルのボッカも、百人になれば二百キロの超強力ボッカである。これこそボッカの原点ではないだろうか。なかには、登るたびに本数を増やして二十本くらい運んでくれる人もいるから頼もしい。

今後は水だけでなく、登山道補修の資材や山の緑化のための種や材料の運搬も皆さんに協力していただき、山を荒廃から守る一助にしたいとも考えている。

私は、ボッカを登山者にも体験してほしいと思い、「丹沢ボッカ駅伝」という大会も始めた。会を重ねるうち、記録はどんどん短縮されたが、記録や順位のみが目的のアスリートだけが増え、山男のボッカ大会とはほど遠いものになってしまった。山が単なる競技フィールドになって荒れていくだけで、もはや山にはボッカが存続する土壌はないとも感じた。

しかし自分だけでも最後のボッカを全うしたい。六十歳になっても八十キロのボッカをやれるように……。

鍋割山荘

丹沢・鍋割山頂上に立地し、富士山の展望がよいことで知られる。小屋の物資は、建築資材も含めてすべて三代目管理人の草野延孝さんが背負って荷揚げしている。通年営業しており(平日は予約が必要)、新鮮な素材を使った料理も登山者に人気が高い。
立地＝鍋割山頂上、標高１２７３メートル。大倉から約3時間30分
収容人員＝70人
設立＝１９６０年

第七話　北八ツの森とともに

島立健二（北横岳ヒュッテ）

十一月ともなれば、山は静けさを取りもどす。ひと月前まで赤や黄色の葉をにぎやかにつけていたナナカマドやダケカンバは、一枚の葉も残らぬ寂しげな姿を見せている。

登山者の姿もまばらになり、木の葉同様、ひと月前のにぎやかさは今はない。登山シーズンを過ぎたこのころの木々は、ひと夏の疲れを取るためにただじっとし、リフレッシュしたあと、来夏を夢見て冬の眠りに入る。自分自身にとってもリフレッシュのときである。灯油のボッカや薪割りの仕事が山のように残っているが、花も紅葉もない静かな十一月の山は、とても心を落ち着かせてくれる。

シラビソの森と裸のダケカンバ、それに茶枯れた草原の、なんの変哲もない景色が、突然、華やぐときがある。霧氷の朝だ。すべてのものを白く繊細に包み込んでしまう霧氷は、本当に美しい。朝の光に赤く燃え上がり、午前の光に透き通る美しさを見せて、午後の光にははかなく崩れ去る。そして、森は何事もなかったかのように、いつもの姿にもどっていく。

＊

十二月に入っても、週末の登山客は少ない。下界では忘年会シーズン。きっと、二日、三日酔いで山登りどころではないのだろう。

ただ、クリスマスのころになると、若い人たちが集まり、にぎやかになる。ここ数年続けて、若者主体で構成されたある会の方々が、クリスマスパーティ兼忘年山行に訪れてくれる。数年前には、若い女性ばかりのあるグループの方々も訪れ、なんと山上で、クリスマスケーキを手作りしていた。冬の花園でごちそうしていただいたケーキは格別であった。

高齢者に支えられた、当方の山小屋を含めた山岳界において、二、三十代の彼、彼女たちは、山の将来を託す期待の星である。下界のにぎやかなクリスマスより、山のクリスマスを選んでくれた若い人たちには、ぜひとも、美しいシラビソの樹氷で、ホワイトクリスマスを楽しんでほしい。しかし、年によっては積雪が数センチしかなく、シラビソの黒緑の葉がむき出しの、ブラッククリスマスになってしまうことがある。自然のことなのでしょうがないが、そんなときでも若い人たちをがっかりさせないために、今年はどんなもてなしをしようか……。

＊

年末年始に使う食材は、二十八日ごろから大晦日まで、ロープウェイ山頂駅から小一時間の登りを、一日数回ボッカする。

肝心な酒は親父（島立久光氏）担当で、それ以外にも常連さんの持ち寄る銘酒で、質・量ともに豊富になる。酒が一滴も飲めない下戸の私に気遣い、ケーキを崩さずに持ってきてくださる常連さんもいる。常連さんの方々は、酒びたりになるのではなく、ボッカから食事の用意・片付けまで手伝っていただける。いつもいつも常連さんに助けていただいて、新年を迎えることができる。本当に頭の下がる思いである。

そんな常連さんにとって、二〇〇〇年の大晦日は少し違っていた。それは、若い女性が十人も手伝いに来ていたからである。以前にクリスマスケーキをごちそうしてくださった方々で、訳あって、ある人から派遣させられたのである。なにからなにまで手伝っていただいた彼女たちには申し訳ないかもしれないが、常連さんは、花に囲まれ、頬の筋肉をゆるませた、だらしない顔で杯を傾けていた。

私もふだんならいっしょにその輪に加わるのだが、この日は大晦日。まだまだ洗いものから朝食の仕込みが残っている。おまけに女房、子どもが来ているとあっては、その輪に加わるのは不可能であった。

楽しそうな黄色い声を聞きながら、コツコツ仕事を片付けていく。すべてが終了したのは、新世紀を迎える三十分前で、ときすでに遅く、花の輪は解け、静かに眠りについていた。起きているのは飲みすぎのオジサンたち。その輪で新世紀を迎えるのには少々抵抗があり、ひとりの女性の手を取り、外へ出た。

遠くから花火の音が聞こえた。それは零時の合図だった。二十一世紀は、妻とふたり、シラビソの森で迎えた。

新世紀の初日の出は拝めなかった。早起きされて山頂へ行かれた方々が、残念そうな顔でもどってくる。お雑煮と、ささやかなおせち料理でもてなすが、初日の出に無念があるのか、顔の曇りは空といっしょで晴れなかった。

ありがたいことに、みんなに手伝っていただいたおかげで、無事に大晦日と元旦の朝が終わった。ここでひと息つく。片付け後のお茶の時間。力を合わせて仕事をやり遂げた満足感が、そこにある。このひとときが好きだ。みんなで笑い、疲れを吹き飛ばす。そして再び、夜の準備が始まる。

三が日を過ぎると、宿泊者の数よりも、空になった一升瓶のほうが多くなる。そして、正月気分がぬけたころ、ようやく下山できるのだ。

＊

北八ヶ岳は、比較的雪の少ない所だが、南岸低気圧が通るときは、一日で一メートル近くも雪が積もることがある。

二〇〇〇年から二〇〇一年にかけての冬は、大雪に何度も見舞われた。登山道は、あとから降る雪のことも考え、カンジキで広めに踏んでいく。ラッセルがなければ約四十分の距離だが、五時間以上かかってしまうこともあった。めずらしくモンスターなみに発達した樹氷に感動したが、厳しいラッセルが続くと、樹氷が悪魔に見えてきてしまった。

それでも、整然と並ぶシラビソの樹氷林は美しい。ことのほか、月明かりで見る樹氷林が好きである。朝夕の色は激しすぎて、昼は明るすぎる。それがきらいというわけではなく、その美しさも充分に感じているのだが、月のやわらかな光に照らされた樹氷林には、不思議な魅力がある。

心を落ち着かせて見れば、その神秘的な美しさに感動し、印象が心の奥底まで深く染み込んでいく。楽しい気分のときに見るとワクワクさせてくれ、寂しく悲しいときに見ると、泣いてしまいそうになる。月光は、森とともに私を包み込んでくれ、森が私の心に同調してくれる。森とひとつになる心地よさ。それが、月明かりの樹氷林に惹かれる理由である。

＊

四月ともなれば、日差しが強くなり、雪がどんどん消えていく。残雪の林床には、シラビソの葉や枝が散乱し、厳しかった冬を物語っている。

暖かくなっても、木々はのんびりしている。ダケカンバは、「芽吹きはまだまだ先」とばかりに、鳥たちのさえずりを聞きながら、うつらうつらと春眠にふけっている。四月は最も登山者の少ない月で、とくに仕事もない。小屋のいちばん日当たりのよい部屋で、こちらも春眠を決め込む。春の日差しは、冬の厳しさにこわばった体をゆっくりとかしてくれるようで、いくらでも寝かせてくれる。

雪が消え去り、まもなくすると梅雨になる。北八ヶ岳の美しいときのひとつで、苔におおわれた林床は、しっとりとした落ち着きを見せる。花が咲くのはこのころで、イワカガミ、ミツバオウレン、それに北八ヶ岳の代表ともいえるオサバグサが多く見られる。桜が咲くのもこのときで、山の上に本当の春が訪れる。木々は、花の芳香にスッキリ目覚め、先を競うように芽吹き出す。シラビソは、手を広げたような枝の先々に、継ぎ足すように若葉をつける。その様は、指先にマニキュアをつけたようで、とてもかわいらしい。

そして、ダケカンバの若葉が出そろったころ、梅雨が明け、またにぎやかな夏山シーズンが始まる。

北横岳ヒュッテ

八ヶ岳・北横岳山頂から15分ほどの場所に建つが、ロープウェイが利用できることもあり、雪山初心者にも人気が高い。北横岳山頂で見る初日の出目当ての登山者で、年末年始はことににぎわう。予約制を行なっていることでも知られ、予約がないときには小屋は閉められる。

立地＝北八ヶ岳七ツ池入口、標高２４００メートル。北八ヶ岳ロープウェイ山頂駅から約１時間　収容人員＝30人　設立＝１９５７年

第八話　越百の生活

伊藤憲市（越百小屋）

私の小さな山小屋、越百《こすも》小屋は、四月末から十一月初旬までと年末年始に営業しています（二〇二〇年現在では、七月一日から十月上旬までの営業となっている）。営業期間は比較的長いのですが、中央アルプスの南の端という場所がら、登山者の数は多くありません。その間、私はずっと小屋に詰め、登山者が来るのを待っています。

中央アルプス主稜線上の越百山から、西に延びる尾根を約一キロ下った所に小屋はあります。小さな小屋で、収容人数は最大で四〇人（現在は定員二〇人）。木造平屋建てに見えますが、傾斜地に建っているため、内部は二階建てになっていて、上が居間兼食堂、下が寝室になっています。

ここには、もともと避難小屋があったのですが、その隣に新たに小屋を建てて営業を始めたのが一九九二年。当時は、訪れる登山者の数はほとんどゼロでした。大げさではなく、本当に年間の宿泊者数は数えるほどだったのです。

今でも多くはありません。中央アルプスを歩く登山者の九割以上は空木《うつぎ》岳で下山してしまい、その南の越百山まで足を延ばす登山者はめったにいないのです。それでも、開業当時に比べれば少しずつ増えてきたように思います。

そんな小さな小屋ですから、人を雇えるわけもなく、また、雇う必要もなく、私ひとりでコツコツとやってきました。ところが最近では、シーズン最盛期の八月にはずいぶん多くのお客さんが来てくれることもあり、お盆や週末などには、アルバイトさんに手伝いを頼む日も出てきました。開業のころを考えると、ずいぶん時間が経ったなあと思うのです。

*

それでも、小さな小屋なりにこだわりもあるのです。それは登山者に出す食事です。お客さんがほとんどいなかったころは、乾物や豆類など、日持ちのする食材を使うほかなく、貧しい食事でした。しかし、登山者の姿がまれなこの山にせっかく来てくれた人に、なんとかおいしい食事を出してあげたい。小さく狭い小屋ですが、せめて食事ぐらいは豊かなものにしたい。ほかの大きな小屋ではなかなかできないようなきめの細かいサービスも、この小屋ならできるはず。そう思って、徐々に食事を改善してきました。

予約が入ると、前日に黒豆とアズキを水にひたして用意をします。茶碗蒸しのだしを作り、天ぷらの用意をする。登山者が小屋に到着すると、温かいぜんざいが好きな人にはぜんざい、コーヒーが好きな人には少し待ってもらって豆を挽いてコーヒーを、お茶好きの人にはお茶を、ミルクが好きな人にはミルクを、そして疲れた人には砂糖湯を出します。

食事は早く作ると冷めてしまうので、できるだけ時間に合わせてぎりぎりに作ります。登山者に、少しでも温かい茶碗蒸し、温かい天ぷら、温かい味噌汁、温かいご飯、温かいコーヒーを出すために。

ご飯は圧力釜でふっくらと炊き上がるよう気を遣います。

食材も、インスタントのものはできるだけ避け、可能なかぎり新鮮なものを使うようにしました。天ぷらの材料となるマイタケやカボチャなど、野菜類はすべて無農薬のものを麓の生協で買って運び上げるようにしました。

朝は、宿泊者の出発に合わせて食事の用意をします。山の天気は変わりやすく、午前中が勝負なので、一分でも早く出発できるように準備をします。下山する人や時間に余裕のある人には、コーヒーを出してゆっくりしていってもらいます。

しかし荷揚げは大変です。ヘリコプターは、夏山シーズン前の七月に一回使えるだけで、あとはすべてボッカしなければなりません。

私ひとりでやっているため、新鮮な食材を調達するのも大変です。毎週、お客さんのいない日に、朝早く山を駆け下りて、麓の町で買い出しをして、昼過ぎまでに小屋に帰ってくることの繰り返しです。その間に小屋にやってくる登山者のために、「少し出かけてきます。昼過ぎにはもどります」と張り紙をして。

年末年始は、また別の苦労があります。営業期間が短いため、食材は登山者の数に合わせてボッカしなければなりません。凍りついてよいものはあらかじめ早い時期に、凍るとまずいものは、営業開始ぎりぎりに荷揚げする必要があります。しかし、あまりぎりぎりまで待つと雪が深くなって、ラッセルの苦労が増し、ボッカが大変になります。そのあたりもむずかしいところです。しかも天候が荒れると、予約をしていたお客さんが登ってこられず、せっかく準備したものが無駄に終わることもしばしばです。

ボッカだけではありません。稜線上の小屋では、水の確保も一大問題となります。七月から九月までは、水場からポンプで上げることができるので非常に楽ですが、問題はその前後です。

四月末の小屋開けから六月後半までは、水場に雪が残っているのでポンプアップができません。そのため、小屋の屋根に積もった雪を下ろして、それを大きな寸胴鍋に入れて、ガスを炊いて、水作りをします。必要な量の水を作るには、これを一日に何度となく繰り返します。この時期は、一日の仕事の大半はこれに費やされることになってしまいます。

いっぽう十月に入ってからは、水が凍るようになり、ポンプアップがまたできなくなります。こうなると、水場から人力で水を運んでくるほかありません。

＊

四月末から十一月頭までの約半年間、こうして私は、山の上で生活しています。この間、夏のシーズン中や春秋の連休などをのぞけば、たいして登山者が来るわけでもありません。六月は宿泊者ゼロという年もあります。

それでも麓の自宅に帰ることはありません。買い出しで下山したときも、家には寄らず、そのままとんぼ返りです。半年間、ずっと小屋で暮らしているわけです。

夏山シーズンをのぞけば、終日私ひとりという日も多くあります。そんなときは、ラジオで落語番組を聴くのが楽しみのひとつです。

とくに登山者の少ない六月などは、小屋を閉めて下山してもよいのかもしれません。でもそうしないのは、夏山シーズンに備えての準備という意味もありますが、それ以上に、私は、ひとつひとつ手作りのこうした生活が好きなのでしょう。

もともと自営で店をやっていた私は、その当時から山の生活に憧れ、いつか自分の山小屋をもちたいとずっと思っていました。念願かなって小屋を開いて以来、ここでの生活を続けているわけです。

だから、山の生活が苦になるどころか、今でも楽しくてしょうがありません。好きなように小屋を整え、必要な仕事を自分の手でひとつひとつこなし、体を動かして作業をする。食事の仕込みをして、寝床を豆タンで温め、登山者によかれと思う工夫をこらして、登山者を待つ。もうかる仕事ではまったくありませんが、私はこうした仕事が好きなのです。

十一月に小屋を閉め、下山して半年ぶりに自宅に帰ると、泊まっていただいた方からの手紙がたくさん届いていることがあります。いちばんうれしい瞬間です。

「おかげさまでゆったり楽しい一晩を過ごせました」

「食事がとてもおいしかったです」

「楽しい山行でした」

小屋を気に入ってくれて、年に四回も五回も訪れてくれるお客さんもいます。

中央アルプスのはずれに建つ、ちっぽけな私の小屋ですが、ここに泊まって、多少なりとも山登りの思い出が豊かになってくれた人がいる。それを思うと、山小屋をやって本当によかったと思うのです。

越百小屋

中央アルプス南部では唯一の有人小屋であり、登山者にとって貴重なベースとなっている。小屋の規模は大きくないが、主人の伊藤憲市さん手作りの食事にはファンが多い。
立地＝越百山西、標高２３４０メートル。須原からタクシー30分、下車後、徒歩約5時間30分
収容人員＝20人
設立＝１９９２年

第九話　春夏秋冬富士を見つめて

佐藤保（佐藤小屋）

富士吉田口に建つわが佐藤小屋。私の父は五十年近くこの小屋の切り盛りをしていました。今と比べて、そのころは設備も整っていず、冬は雪も多くて、大変だったろうと思います。

父がやっていたころは、冬は、一度小屋に入ると、一カ月近く家に帰ってきませんでした。当時は電気（発電機）もなく、夜はランプで過ごしていました。そのランプは今も残っていて、私ひとりでいるときなど、たまに使っています。泊まられる人のなかには、発電機を回して電気を使うのはもったいないから、ランプでいいよと言ってくれる人もいます。

当時は食事もおいしいものがなく、ご飯と味噌汁のほか、おかずは缶詰だけだったそうです。そんな食事でも、宿泊客は黙って食べてくれたそうです。もっとも、最近では、登山者の意識も変わってきて、小屋の食事はなるべくよいものを出すようにしています。

＊

私が小屋に入ったのは、今から十二年前、そんな父が病気で倒れたのがきっかけです。突然、自分が小屋を運営していかなければならない立場になったわけです。子どものころから富士山を見て育ってきた私ですが、いざこれから自分が小屋をやっていくとなると、私になにができるのか、不安でいっぱいでした。

七月、八月の夏山シーズンは、それまでも小屋の手伝いで何回も登っていましたので、勝手もわかっており、まだよかったのですが、問題は冬でした。

私の小屋は富士山ではめずらしく、冬季も営業している小屋で、冬には雪山登山や雪上訓練の登山者が数多く訪れます。しかし私には、冬山は経験も技術もなかったのです。

そんな私が小屋に入って一年目の冬、折あしく、今までにない大雪が降り、麓から小屋まで八時間もかかり、そのうえ小屋は雪で埋もれていました。

大雪のせいか、この冬は遭難も多い年でした。事故が起きれば当然救助に行かなければなりません。しかし小屋番一年目の私には冬山の経験がないので、小屋にお客さんを連れて泊まっていたガイドさんに教えてもらって、やっとなんとかなるというありさまでした。

ところで、ここ富士山は、冬季は雪上訓練の場としてよく利用されるのですが、私が小屋に入る数年前から、冬でも中高年の登山者が増え、逆に、それまで雪訓の中心だった大学山岳部などの若い人が減ってきているようです。

そんなことと関連があるのかどうか、ここ数年、富士山は夏冬とも遭難事故が多くなっています。最も心配なことのひとつです。

＊

そうこうして小屋をやっていたところ、ある団体から富士山のトイレの問題についてお話がありました。

富士山のトイレは、どの山小屋も地下浸透式のたれ流しが現状です。その団体が言うには、そのことが、富士山が世界遺産にならなかった最大の理由だったということでした。

そこで、私の小屋にバイオトイレを設置しないかという話があり、二年間の予定で実験的に使用してみました。そして二〇〇二年の九月からは常設で使用することにしました。

このトイレの仕組みは、杉チップを使うことによって、バクテリアがし尿の分解を行ない、その水を循環させて再度水洗に使用するというものです。便、尿はたれ流しや汲み取りの必要がいっさいないものです。ただし、水洗トイレなのでポンプを使用しており、電気が必要になります。バクテリアは気温が五度以下になると活動をしなくなるので、そのためにも、つねに電気が必要になるのです。

山小屋には電気がきていないため、発電機を使用します。すると燃料のコストがかかるため、トイレはチップ制にして、一回二百円程度のお金を募金箱に入れてもらっています。しかし、その募金箱が荒らされたことがあります。せっかくきれいで自然にやさしいトイレを作っても、そういうことをする人がいると、とても残念な思いがします。

トイレの問題に加え、富士山では、ゴミの問題もあがっています。訪れる人が多いうえ、老若男女さまざまな人が登る富士山では、登山道に捨てられるゴミも馬鹿にならない量なのです。それでも若い人のなかにはゴミを持ち帰る人が増えてきましたが、逆に年配の人のほうが、ゴミを捨てていくのが見られます。これもまた、非常に残念な思いがする光景です。

これから富士山をきれいにしていくために、すべての登山者がゴミを持ち帰る努力をしてほしいと思います。いっぽう、山小屋を経営している側としても、ゴミをなくす努力はもちろん、トイレの問題にも真剣に取り組み、富士山にこれ以上汚物を残さないようにしていかなければならないと思っています。

私の父は、昔の富士山はよかったと言っていました。今は観光の山になってしまい、毎年多くの人が登るけれど、人が多いとゴミも増えて、富士山が汚れてしまうと言っていました。

＊

これからの私の時代は、安全で楽しい登山ができる環境を登山者に提供しつつ、富士山の自然をきれいに保つため、自然保護の問題も重要と考えています。この両立はむずかしいことですが、いろいろ考えながらやっていきたいと思います。

佐藤小屋

7、8月のみ営業がほとんどの富士山にあって、唯一、冬季も営業している山小屋。テント場も併設されており、とくに冬季に登る登山者には、貴重な拠点として親しまれてきた。小屋が建つ吉田口登山道は、富士講で古くから栄えた歴史ある登山道で、冬季はもちろん、夏季でも、下から登る登山者も多い。
立地＝富士山吉田口五合目、標高２２３０メートル
収容人員＝１００人　設立＝１９１５年

第十話　夏空を待ち続けて

米川喜明（蓼科山頂ヒュッテ）

二〇〇三年七月二十日、いよいよ夏休みに突入。三連休でもあるため、山頂はがぜんにぎやかになってきました。親子連れのパーティが多く見られます。小さなお子さんの手を引き、さらに背中の背負子に赤ちゃんをおぶって上がってくる方も何人かいました。

しかし残念ながら、天候の回復が遅れております。早く梅雨が明けてまぶしいくらいの夏空を呼びたいのです。あと何日かかるのでしょうか……。

七月二十七日　昨日、小屋のイベント「伊藤幹翁山頂音楽祭」も盛況のうちに終わり、少し天気も変わってきたようです。いよいよ梅雨も明けたのでしょうか。今朝の気温は八度でした。朝、冷え込むと少し天気はよくなるようです。

七月三十一日　結局、梅雨はまだ明けないようです。梅雨明けが待ち遠しい毎日。今日は明けるのか、明日はどうか……。明日からはついに八月。八月まで梅雨明けが持ち越される年はあまりありません。

昨日は、南八ヶ岳《みなみやつ》のガイドから帰ってきて、今日は荷揚げをしながら、小屋に向かいました。南八ツでも、前年、同じ日に見られたウルップソウがもう終わっていました。花も早いのか遅いのか、この年はちょっとわかりません。花によって異なるようで、北八ツのほうは、秋の花がもう咲き出しております。ヤマハハコ、アキノキリンソウ、ハクサンフウロ……。やわらかい花びらが風にそよいでおりました。

明日からの八月。明るい青い空がやってくることを祈っています。

八月一日　なんとなく夏空の様相を呈してはきましたが、気温は低く、相変わらず寒い一日です。水不足に苦労した二〇〇一年のことが思い出されます。

二〇〇三年は、名物のかき氷をしっかり準備していました。でも、ぜんぜんお呼びがかかりません。今日はスタッフが、機器の荷下ろしと食材の荷揚げのために下りたので、長老の長谷川さんと留守番です。かき氷がやっと出ましたが、たったの一個。かき氷が売り切れになる夏の日は来るのでしょうか？

八月八日　台風十号が到来。日本横断、山直撃のコースです。前回、五月末の台風のときには、物置小屋の屋根が飛んで、大屋根にも被害が出ましたが、今回も似たようなコースで、何事もないことを願うばかり。

天気のほうは、八月に入って二、三日は晴天が続いたように見えたけれど、それももう秋の風。二〇〇三年の夏は来ないまま、いつしか季節は変わってしまったのでしょうか。これからお盆を控え、恒例の花火大会の催しなどがあり、短い期間ですが里は忙しくなります。いつものように親、兄弟、親類が集まり、親交を深めあえる。少しでも天候が回復し、そしてこの山にも、また来たよって、足を延ばしていただけたら……。

八月十三日　テラスでくつろいでいると、うろこ雲の広がる秋のような空に入道雲が湧いていました。やはり夏はもう行ってしまったのでしょうか。

しかし今日は、この地方の盆の入り。幸い天候も回復し、朝から登山者が上がってきています。なんとか四方の景色も見え、風も弱く、まずまずの天気。

さすがにこのシーズンで、親子連れのお客さんが多いようです。子どもさんのほうがたいてい早く、若い親御さんの場合、お父さんがその次。そしてしんがりがお母さん。これが決まったパターンのようです。少しお年を召したご夫婦の場合はその逆で、たいてい奥さんのほうが先に上がってこられるようです。

八月十九日　なかなか晴れてはくれません。このところ、小屋の窓も開けられないほどのガスと雨で、外回りもなかなかできません。上がってこられる皆さんも、当然、なにも見えません。

「三六〇度の展望を期待してきたのに、真っ白い霧だけの山頂だった」

蓼科山《たてしな》の売りはなんといっても、そのすばらしい展望です。それだけに、そうおっしゃられると、なにか小屋にいる私たちがわるいことをしているようで申し訳ない気分になってしまいます。

「すみません、また来てください」

こんな会話が何度となく繰り返されるのです。

本当に二〇〇三年の天気はわるいです。でも、このままずっと続くわけはない。いつかある日、晴れるさ。お天道様のすることに逆らったってしゃーない。のんびり、のんびり。霧もよし、雨もまたよし……。そう思って、天候が回復するのを待っています。

八月二十八日　あと三日で八月も終わり。季節の切り替えができないままに、雨がだらだらと続き、夏の日を感じないままに、ついに秋のぐずついた長雨のシーズンに入ってしまいそうです。しかし、先週末、久しぶりの晴れ間は、夏であることを感じさせてくれました。わが小屋も土曜日の二十三日だけは、久しぶりに大勢の皆さんに来ていただくことができました。

日曜日の午後、まだ天候がもちそうだったので、スタッフに小屋をまかせて、九月に依頼されている南アルプスのガイドの下見のため、甲斐駒《かいこま》・仙丈《せんじょう》に足を延ばしてきました。ときどき出かけるこうした機会は、踏み出す一歩一歩に、山への憧れや古き日の思いを重ねながら歩くことができます。ほかの山域の自然や山の生活が新鮮に伝わってきて、謙虚になれるのです。私たちの小屋をご利用いただくお客さんが、どんな気持ちで小屋に入ってこられるか、なんとなくわかる機会でもあります。

南アの北沢峠《きたざわ》付近も、この年は植物の生長が遅く、道脇の下草が伸びていないと言っていました。こちらの山頂でも、コケモモやナナカマドが紅く染まってきました。

夏休みが終わると急に山は静かになります。紅葉のシーズンが到来するまでの二、三週間、今までできなかった小屋の修復などに精を出していきます。

蓼科山頂ヒュッテ

中部山岳のほとんどが望める大展望で知られる蓼科山頂上という抜群のロケーションにある。太陽光と風力発電による音響システムを設置しており、クラシックの流れる山小屋として知られている。そのため、好みのCD持参で音楽鑑賞に登ってくる登山者も多いという。かき氷や高原牛乳が味わえるなど、オリジナルなサービスも好評。

立地＝蓼科山頂上、標高２５３０メートル。女ノ神茶屋から約2時間30分

収容人員＝70人

設立＝１９６１年

第十一話　手づくりの山小屋

松澤寿子（船窪小屋）

五十年以上前（二〇二〇年現在では六〇年以上前）に父が造った仮小屋は、薪ストーブが戸口にあり、奥のほうに布団が積まれていました。食事の用意は、外のさしかけの庇の下で切り刻みが行なわれ、煮炊きはストーブの上でやっていました。野菜は自家製のものをボッカし、魚は、針ノ木《はりのき》谷や黒部《くろべ》川でイワナを釣ってきて燻製にし、一斗缶の中に保存してありました。肉は、小屋の周りの獣道に罠をしかけ、兎を捕まえて料理していました。「うまいぞ、食べてみろ。刺身だ」と言って食べさせてくれたのは、兎の刺身でした。背中のヒレ肉を上手に切って、馬刺しのようにして皿に盛りつけてくれたのでした。ほかには、兎肉のカレーや味噌汁といった、ごく単純なものを食べさせられたのですが、イワナにしても兎肉にしても不思議においしく、今でも忘れられない味として残っています。

父亡き後、小屋番を引き継いだ私は、子どものころから家庭科的なものが得意だったためか、あまり苦労せず、食事のほうは受け持つことができたように思っています。友人の知恵により出すようになったアザミの天ぷらは意外に好評で、以来、船窪《ふなくぼ》小屋の名物として親しまれています。

以前、毎年夏になると必ず船窪小屋で十日間ほど過ごされた横浜の山下品蔵画伯が『ご馳走』とは字のごとく、山野を駆けめぐり採った素材を調理して出すものです。あなたの料理はまさにそれにかなっているね」と言われたときのことは今でもしっかりと脳裏に焼きついています。

海のもの、野のもの、山のものを上手に使って食卓に出せる主婦こそ、日本の女性の鑑と古来よりいわれているように、食事の原点はそこにあると思うのです。

*

私どもの山小屋は、七月から十月の約百日間営業をしています。平地では、食料品店やスーパーマーケットで買い物するとき、いつも気をつけていることがあります。つねに山小屋で出す食事のことを考え、目新しいものはないか、今年山で使える素材はないか探しています。とにかく、できるだけ長持ちするもの、軽いものという点です。とくに愛用しているのは、中華の食材と日本古来の乾物類です。中華食材には、ビーフン、きくらげ、ライスペーパーなど、何種類かお世話になっています。乾物類は、早煮コンブ、干しシイタケ、干しだら、するめなどきりがありません。

また、私が住む長野県小谷村は山菜の宝庫です。四月から六月ごろまで次々に芽吹く山菜。フキノトウはふき味噌に、フキはキャラブキに、ウドは木葉煮に、タケノコは水煮に、ワラビはゆでて乾燥させて袋詰め、梅は小梅漬け、ルバーブはジャムにしてびん詰めなどに加工します。この時期はとても忙しく、段取りよく運ばないと山のものは季節によりどんどん進んでいってしまいます。

米は無洗米、味噌は仕込み味噌、漬物も昨年のものを樽に詰め替えます。そのほか調味料など、六月末までに準備したものを梱包します。そしてヘリポートへ運び、荷揚げとなります。

小屋の近くに三メートル四方ほどの石室があります。ハイマツ帯のなかにあり、不動沢から沢風が吹き上がってくるため、ちょうど底面から冷風が通り抜けています。そこに板を敷き、野菜や卵などを納めています。カボチャ、ジャガイモ、タマネギ、山芋などは、真夏を越えてもそのままの状態を保ってくれています。冷蔵庫より野菜には居心地のよい所かもしれません。トマト、キュウリ、キャベツなど新鮮さを求められる野菜でも三十日くらいは大丈夫です。

電気がないため冷蔵庫がありませんので、魚は干物か塩漬け、肉は平地でしっかり焼きこんだものか味噌漬けのほかは缶詰類を多く使っています。小屋の中の保存スペースが限られているため野外を利用することが多いのですが、外の土のなかに埋めておいてヤマネズミに気づかれ、ニンジンをすべて食べつくされたことがあります。それ以来、発泡スチロールを土に埋め込んでしっかりふたをしておくようにしました。生野菜や卵などは二、三週間に一度の割合でボッカしています。ほかの山小屋さんのように多量に使わないので、ヘリコプターを利用するまでには至らないのです。

早朝からけわしい山道を歩いて来られる登山者の方々に、海のもの野のもの山のものをバランスよく調理してお出しするということは不可能に近い状況ですが、山道を歩いて疲れたときに口当たりのよい食べ物とはどんな食物なのか、そのへんは自分でも山を歩いてみて実感しながら、ふさわしい食物を献立のなかに盛り込んでいくように努めています。

＊

父親が現在のキャンプ指定地にログハウスふうの山小屋を造り、お客様をお泊めするようになってから、二〇〇八年で五十四年になります。北アルプスの登山コースのなかでも厳しく長いコースとして、山小屋としてはいちばん恵まれない所での営業でしたので、夫とふたり、けわしくつらい年月でしたが、なんとか五十四年やってくることができました。これまで多くの登山者の方々に励まされ、この山小屋を続けてほしいとのエールをいただきながらやってまいりました。私が子育てや平地での諸々の事情で小屋番ができなかった時期には、友人や知人、協力者の方々のお力添えにより続けてくることができました。

近年、山小屋も電力を備えられる状況となり、設備なども近代化されるようになってきました。私どもの船窪小屋はお客様も少なく、まだ近代的な設備を備えられる力もありません。明かりはランプ、暖房は囲炉裏といった前時代的な設備のままです。おそれゆえか、昔の素朴さを懐かしむ登山者の方々に親しまれているのが現状です。お客様が望まれるのなら、このままの状況でずっと続けていきたい。食事も、冷凍食品やレトルト食材を使わず、手作りのものを供したいと思っています。

小屋が二四五〇メートルの高地にありますので、水の沸点が低くなります。幸い、近ごろは圧力鍋や高圧釜が手軽に手に入るようになりましたので、ご飯もおいしく炊け、ダイコンや乾物類もやわらかく調理できるようになりました。

疲れて山小屋にたどり着いたとき、一杯の熱いお茶とやさしい言葉、おいしい食事と温かい布団で寝ることができたなら、どんなにうれしく、疲れが癒されることでしょう。

今後、私も健康で元気でいるかぎり、夏になれば船窪小屋に入り、登山者の皆様のために熱いお茶とおいしい食事を作らせていただきたいと思っています。

船窪小屋

人気山域・北アルプスにあって、混雑とは無縁の山旅を味わえるエリアに立地する。北アの「穴場」的存在の山小屋。蓮華岳から烏帽子岳に至る稜線は北アでも難コースで、それだけに小屋を訪れる登山者には山慣れた人が多い。素朴な雰囲気とおいしい食事でファンも多い。なお、2016年に松澤宗志さんが経営を引き継ぎ、翌年には寿子さん夫妻は山を下りた。
立地＝七倉岳南、標高2450メートル。七倉から約6時間30分
収容人員＝50人
設立＝1954年

第十二話　小屋番三カ月

神谷浩之（キレット小屋）

数年前のある夏の日、テントを担ぎ、ひとりで北アルプスの縦走をしていた。一日目、二日目は天気もよく順調に進んだが、三日目に台風が接近してきた。風が強まり、雨も降り出したので、その日の行動を中止して、小屋の前にテントを張ることにした。風雨はしだいに激しくなり、テントの中の装備もすでにぐっしょりと濡れはじめていた。

猛烈な風に押しつぶされそうになるころ、このままではテントが壊れてしまうと思い、あわてて小屋に逃げ込んだ。小屋に入るとスタッフの方が「大変でしたね。どうぞ、ごゆっくり」と温かく迎えてくれた。

小屋の中は外と比べれば天国のようだった。部屋から外のようすをうかがうと、猛烈に吹き荒れる雨が窓をたたいていた。しかし、小屋の中にいることで不思議な安心感を得ることができた。談話室で宿泊客同士さまざまなことを語り合ううちに、外の嵐のことはすっかり忘れていた。

結局、翌日も雨が強く行動できなかったので、小屋に連泊して、嵐が収まるのを待ってから下山した。

テント山行しかしたことがなかった私の、それが初めての山小屋泊まりの記憶である。小屋のありがたみを初めて感じた瞬間でもあった。

＊

今回、機会を得て、わずか三カ月という短い期間であったが、初めて山小屋の仕事をすることになった。場所は、北アルプス後立山連峰のキレット小屋。五竜岳と鹿島槍ヶ岳の中間部、八峰《はちみね》キレットの北側にあり、周辺では比較的小さな小屋だ。

それまで、山小屋は、単に通過するだけの場所に過ぎなかった。お金を払って、食事と一夜限りの宿を提供してもらい、翌日にはそこをあとにする。小屋に泊まることが目的ではなく、山に登るための通過点。そう考えていた。おそらくは、多くの人がそうではないだろうか。

しかし、今回働いてみて、そのひと晩の宿のために、じつに多くの努力が払われ、多くの人がかかわっていることを知った。

小屋には、登山者以外にもいろいろな人が訪れる。小屋の畳を交換するため採寸に来た畳屋さん。衛生状態などの検査のために来た保健所の担当者。登山地図の執筆者や森林管理センターの方も来た。彼らは直接登山者と接することはないが、登山者を裏から支える重要な仕事をしている。

　また、夏山シーズン中には、山岳遭難防止対策協会の常駐隊が、小屋に滞在していた。彼らは、付近の小屋を行き来しながら、登山者へのアドバイスや登山道の補修、遭難救助などを行なっていた。彼らは警察官ではなく、訓練を受けた地元の人たちである。そういう地元の人たちにより、登山の安全が守られていることも今回初めて知った。

　山にいる人たちだけではない。キレット小屋ではすべての物資をヘリコプターで荷揚げしているが、そのためには、下界でのサポートが必要だ。食料の発注、荷造り、予約の受付など、下界からのサポートなしに山小屋は成り立たない。

　当然のことだが、山小屋の仕事も、ただ食事を出して、寝床を提供するだけではない。できるだけ快適に山小屋での時間を過ごしていただけるよう努力している。晴れたら、布団を干して心地よい寝床になるようにする。台風が来たら、被害が出ないように窓に板を打ったり雨戸を閉めたりする。そのほか、こまごまとした雑務はいくらでもある。

　キレット小屋は、天水（雨水）に頼っているため、水の確保も重要な問題である。雨が降れば、たまった水を保管用のタンクに移動し、晴れが続いたら、そのタンクから、使うためのタンクにまた移動させる。毎日天気図を書いては、空を見て、雲を読み、明日の天気はどうなるだろうか、と考えていた。

水の確保のこともあるが、天気のよしあしは宿泊者数にも直接響いてくる。この小屋は、日帰りできる場所にはないので、前日は別の小屋に泊まり、二日目にこちら、という方が多い。天気がわるければ、前日宿泊した小屋から、五竜《ごりゅう》岳なり鹿島槍《かしまやり》ヶ岳なりを登って、そのまま下山されてしまう。食事の数をどうするか、部屋割りをどうするか、天気しだいで左右された。

来るはずのお客様がなかなか来なかったり、小屋で体調がわるくなってしまったお客様が出てしまったりすることもある。そういうとき、いかに対処していくか。それも大事な仕事だった。その年は幸い重大な事故はなかったが、周囲に岩場が控えているこの小屋では、いつなにが起きても不思議ではない。急に天気が崩れた午後などは、小屋にいても少し緊張していた。

お客様との出会いは、まさに一期一会だった。キレット小屋は、場所がら日程的に長いコース取りとなり、また、八峰キレットの岩場を越えることになるので、訪れる人はそれほど多くはない。しかし、雑誌などで小屋の写真を見た人は、岩稜帯にへばりつくように建っているその特異な立地条件に驚き、一度は行ってみたくなるようだ。

「長年、憧れていて、ようやく来ることができました」と言ってくださる方も多い。時間と体力を必要とするこの小屋に、なかなか来られなかった、とのこと。そういうお話を聞くと、こちらもうれしくなってくる。思い入れを抱いて足を運んでくださるお客様は、とてもありがたい。それ以外にも、食事がおいしかった、トイレがきれいだったなど、ひと言ひと言が心に残っている。キレット小屋はそれほど大きな小屋ではないので、泊まってくださるお客様とふれあいやすいのも印象的だった。

＊

ときには、小屋を出てしばらく歩くこともある。さわやかな夏の日、鹿島槍ヶ岳まですっきり延びた稜線を歩いていると、それだけで心の底から言い知れぬ喜びが湧き上がってくる。そんなとき、自分が山が好きであることをあらためて思うものだ。

三カ月の山小屋生活の間、一日として同じ日はなかった。咲いては散っていく花、少しずつ場所を変えて沈む夕日。太陽の照りつける日、台風が吹き荒れる日。朝も夜もまったく違う姿を見せ、かけがえのない日々を作り上げていく。時の流れ、季節の移り変わりを毎日全身で感じることができた。

今までいくつもの山に登ってきたが、ひとつの山にこれだけ長くいたことはなかった。それだけに、今まで知り得なかった山の姿を見ることができた。そして、本当に多くの人々により山が支えられていることを知り、また、山を愛して登ってくるたくさんの人がいることを知った。
わずかな期間であったが、山小屋での生活は貴重な体験であり、自分の心に大きな糧をもたらした。出会えた人、物、風景、現象、そのすべてに感謝したいと思っている。

キレット小屋
北アルプス・五竜岳と鹿島槍ヶ岳の間、後立山連峰最大の難所として名高い八峰キレット北側に建つ。長大な岩稜地帯の真っ只中にあるため、縦走登山者にとっては非常に心強い存在となっている。また、切れ落ちた岩稜帯のわずかなスペースに建つ特異な立地条件から、熱心なファンも多い。執筆者の神谷浩之さんは2004年の夏にアルバイトとして3カ月間、キレット小屋で働いていた。その後、山と溪谷社に入社。
立地＝八峰キレット北方、標高２４７０メートル。アルプス平から約10時間30分、大谷原から約10時間30分
収容人員＝80人
設立＝１９３２年

第十三話　北鎌尾根の番人

小池照二（大天井ヒュッテ）

コマクサ。高山植物の女王と呼ばれ、その可憐さから、高山に咲く花のなかでも最も人気の高い花。そのコマクサがこの大天井ヒュッテの周り東斜面一面に群生し、その株の大きさ、花の色の濃さ、そしてその多さに、毎年見慣れている私でさえ感嘆の声を発してしまいます。

ここは燕《つばくろ》岳から槍《やり》ヶ岳までのアルプス表銀座「喜作新道」の中間点。燕岳からヒュッテまではこのコマクサの宝庫。そしてヒュッテから西岳までは、シナノキンバイやハクサンイチゲを代表に多種多様な高山植物のお花畑が点在し、まさに本場ヨーロッパアルプスを彷彿とさせます。また、槍ヶ岳まで続く東鎌《ひがしかま》尾根は、男性的な急登に梯子や鎖場が連続し、日本に数ある縦走路のなかでもバラエティに富んでいます。

槍ヶ岳への登山ルートとして最もすばらしい大パノラマコースのちょうど中間点に、大天井ヒュッテは建てられています。中房《なかふさ》温泉から槍ヶ岳へ二泊三日で行こうとするならば最高の立地条件にあり、必ず「ここまで足を延ばしてよかった」と感じることでしょう。そしてここは北鎌《きたかま》尾根の登山基地でもあります。

「今、遅くなってしまったけど無事山荘（槍ヶ岳山荘）に着きました」。二〇〇四年、何度この電話を受け取ったことでしょう。「あー、よかったですね」と私は何度となく胸をなで下ろし、ほっとしたことか。

＊

また、夜遅く、あるいは日中、疲労困憊で「すみませーん」と何パーティが帰ってきたことか。そして私がこのヒュッテをまかされてからも、何人の犠牲者が、遭難者が、ケガ人が出たことか。ここ大天井ヒュッテは「北鎌尾根」の玄関口。

屏風岩、滝谷《たきだに》などのような登攀ルートとは違い、また、大キレットや北穂から西穂の縦走コースとは異にした北鎌尾根の存在は、中高年登山者の憧れの的になっている昨今。このヒュッテの宿命として、登山道のない、あまりにも有名なこのバリエーションルートの登山基地としての役割がきわめて重要になってきています。それだけに私としては、このヒュッテのやりがいとそれに対する思いが非常に強く、自分の山に対する想いと登山者への想い、適切なアドバイスと、そしてそのなかから生まれるお客様との信頼関係を大切にし、楽しい登山の手助けができればと思っています。

そんな折、二〇〇二年の秋に、心ないひとりの無法者によって、北鎌尾根がペンキとテープによって真っ赤に汚されてしまいました。北鎌尾根を登った登山者の一報を受けてから三日後の九月の連休に、長野県山岳協会の横山賢次郎氏が北鎌へ登るべくヒュッテに宿泊されたので、北鎌のようすを連絡していただくようお願いしたところ、「おびただしい量のペンキが塗ってありますよ。しかも、三カ所はルートを間違えている」との電話。これは大変なことになった、なんとかしなければ。

その一週間後、北鎌に足を踏み入れてみてビックリしました。取付までの下降に使う貧乏沢の入口から、赤いビニールテープが木の枝のいたる所に巻いてあり、その数の多さにあきれてしまうほど。さらに北鎌沢に入ると、赤ペンキのマーキングが所どころ現われ、独標の基部からはすさまじい数のペンキマークと赤テープが付けられ、槍ヶ岳山頂まで導かれていました。しかし、その付けられた場所がわざわざ落石の起きやすい危険なルートだったり、またある場所は遠回りだったり……。きわめつけは最後の「チムニー」と記された場所。まったく違う所を指していて、もしこれを信用して遭難になった場合、どう責任を取るのだろうかと思うほどいいかげんなルート設定をしていました。容易には落ちないペンキを、なんの許可もなく付け回ったものに対して怒りがこみ上げてきました。このときにはどうしようもなく、目に付いた所のテープのみ回収したのですが、その数がゆうに二百は超えていて、ペンキマークはそれ以上あり、閉口してしまいました。

北鎌尾根の魅力は、登山の楽しみのひとつである、未知の高みへ自分の力でどう登るかというところにあり、ルートファインディングしながら登山ができる、日本では数少ないルートのひとつです。そんな所にこれほどのペンキマークがあったらどうでしょう。なんの魅力もなくなってしまうのではないでしょうか。しかもわざわざ危険なルートをたどっているのです。

翌年七月。シーズン前になんとかしなければと、ペンキの溶剤と石屋石刀を二本持ち、北鎌へ向かいました。貧乏沢の下りは例年の五倍近い残雪を楽しみながら下ったのですが、北鎌沢に入って、溶剤でペンキを落とそうとしても岩の凸凹で思うようにいきません。仕方なく石刀で岩を削ることにしたのですが、これが大変な作業で、一カ所削るのに何分もかかります。独標のトラバースあたりからは両腕がパンパンになり、石刀の刃は丸くなり、果ては握力もなくなり、砕いた岩のかけらが容赦なく顔面に、目に、口に飛び込んで散々な作業となりました。それでも、どうしても消さなくてはいけない場所が上部にまだまだあり、ペンキを付けたものに対する怒りと恨みを力にして、なんとか危険な箇所と間違った印を削り終えました（北鎌平から上部は石が硬く、消せませんでした）。

槍ヶ岳山荘にたどり着いたときには午後四時近くになっていました。ふだんですとヒュッテまで帰るのですが、これで元の北鎌の状態に九割方もどったというほっとした安心感から、この日ばかりは槍ヶ岳山荘に泊めてもらうことにしてゆっくり休みました。

現在、残っているマークは少し薄くなっていて、それほど気にならずに登れますが、そのペンキをたどると、いちばん遠回りで時間のかかるトラバースルートにと導かれていています。ただ、そこを通ってもそれほど危険な場所ではないのでそのままになっています。

ペンキを付けた人へ。北鎌尾根だけでなく、ほかの場所でも、二度と同じような真似をしないように。

*

大天井岳。皆さんはこの山をなんと呼びますか？「オテンショウダケ」「ダイテンジョウダケ」「オオテンジョウダケ」……。自然地名には正式名称というものはありません。ひとつ言わせてもらうなら、地元（旧穂高町を中心にした安曇野地方）での呼び名は「ダイテンジョウダケ」です。とくにお年寄りの方は略して「ダイテン」と呼びます。私もこのダイテンが好きです。また、ここのヒュッテは「オオテンジョウヒュッテ」が正式名称なんですね。

大天井ヒュッテ

北アルプス南部を代表する縦走コース、通称表銀座コースの中間点にあたる大天井岳西方に建つ。小屋からは常念岳方面の展望が開け、表銀座コースを歩く登山者の休憩地、宿泊地として利用されている。最近では、北鎌尾根のアプローチに貧乏沢ルートがとられることが多くなったため、北鎌尾根の玄関口という存在にもなっている。

立地＝大天井岳西方鞍部、標高約２７００メートル。中房温泉から約7時間

収容人員＝１５０人　設立＝１９５６年

第十四話　山小屋のオフシーズン

小山義秀（北穂高小屋）

十一月初旬、その年の営業を終えた小屋の中には、雪の圧力から建物を守るためにおびただしい数の支柱が立てられている。およそ三尺間隔に立てられた支柱は、一見すると廃材にしか見えないのだが、なかにはいちばん最初に建てられた小屋の柱として活躍していたものもある。「来春まで無事でいてくれよ」と念じながら小屋閉め作業が進められて、いよいよ「下山の日」を迎える。

われわれ小屋番にとってこの日は、シーズン初めの入山日と並んで特別な日だ。単に仕事納めというだけでなく、生活も含めての、いわば区切りの日であるからだ。無事にシーズンを終えた安堵感や解放感、そして少し物寂しさを感じながらの下山で、やがて気持ちは一気に「下界」へと駆け下る。

＊

「冬はなにをしているのか」と今まで何百回尋ねられただろうか。私の小屋は、ほかの事業をやっていないので、じつにもっともな質問ではある。

冬の四カ月は、終わったシーズンの残務や来シーズンの準備期間としてじつに貴重な時間なのである。この期間に準備や打ち合わせを終えていない事柄は、次のシーズンに実現できないといっても過言ではない。例えば、オリジナルTシャツひとつとってみても、デザイン、材質、色、サイズ、数量と決定事項は多い。ましてや増改築などの大きな事柄ともなれば、膨大な準備が必要だ。また、取引業者やほかの山小屋との打ち合わせもこの時期に集中する。そして、シーズン中の出来事をじっくり振り返る時間でもある。そこから思ったこと、考えたことが次のシーズン、あるいは将来的な構想となる。さらに公私問わず「下山したらやること」のなんと多いことか。

とはいえ、冬の間は仕事を離れてのんびりしたり、道楽に費やす時間もとりやすく、ちょっとした充電期間でもある。

＊

以前、民放テレビで『穂高よ永遠なれ～北穂高小屋物語～』という番組が放送された。そのなかに、私がヴァイオリンを弾くシーンがあった。自分の趣味道楽の撮影には気乗りがしなかったが、放送局の方の熱意に負け、また、ヴァイオリニストの幸田聡子さんが本格登山に初挑戦して北穂まで来てくださることとなり、北穂初のヴァイオリン・ミニコンサートの実現となった。準備にたいへんな苦労をしたが、とても楽しい出来事だった。そして、私の道楽の初公開となったしだいである。

両親がクラシック音楽を愛聴していたこともあり、子どものころにヴァイオリンを習っていた。それは音楽教育というよりはお稽古事で、あまり熱心にやることもなく終わってしまった。ところがその後、まったくひょんなことから大学のオーケストラに入ることになる。さまざまな楽器とのアンサンブルは初めての経験で、その楽しさに魅了された。音楽の基礎力不足で楽譜が読めない、弾けないなどの壁にぶつかったが、なにより弾くことが好き、音楽が好きという気持ちでカバーした。

卒業後、松本にもどり、家業である山小屋の仕事をするようになると、楽器を弾くこともあまりなくなった。山の上では楽しむ時間も場所もなく、最初からあきらめていたし、割り切っていた。しかし一年ほどして仕事にも慣れてくると物足りないものを感じ、松本の市民オーケストラに入れてもらう。

シーズン中の練習や演奏会は出られないことが多く、本腰を入れるのは冬の間だけだ。シーズン中は山と山での仕事に夢中になり、道楽は冬にまとめて楽しむ。このメリハリがじつに心地よい。下山してしばらくは、思うように弾けなくなっている自分に愕然とするのは事実だが、私は演奏家ではなく道楽ヴァイオリン弾きだから別に気にしなくてもよいのだ。なにより、仲間とのアンサンブルを楽しみ、音楽に参加できることが喜びなのだから。

市民オーケストラの楽しいところは、さまざまな職業や年代の人が集まっていることで、山や仕事以外の友人、知人を得ることができた。そこでの交流は刺激を与えてくれ、また勉強になることも多い。例えば、オーケストラの重鎮からはウィーン音楽の楽しい話を、肉屋のご主人からは松本の食文化の変遷についてうかがえる。趣味でワインに詳しい友人とは、彼のプロ並みの腕前の料理と、充分に寝かせたワインを楽しんでいる。同世代の友人との会話は、今や欠かせないものとなっている。いっぽうで、オーケストラのメンバーが北穂に来てくれることもあり、そんなときは格別うれしいものだ。

自由に使える時間が多い冬の間、のんびり楽器を弾こうと考えていたが、オーケストラ以外での活動も増え、忙しくなってしまった。とはいえ、活動できる場があるのはありがたいことだ。小編成のアンサンブルで、近隣の村や公民館、あるいは老人ホームへ出前コンサートで行ったり、喫茶店やいろいろなイベントでのBGM演奏を頼まれることもあり、通常の演奏会とは違った雰囲気でおもしろい。また、毎年市民でつくるミュージカルに、演奏で参加することも楽しみにしている。

テレビ番組の影響で「次の小屋でのコンサートは？」と尋ねられることも多い。小屋は狭く、場所がなく、あのときは玄関の土間での演奏だった。気をつけないと弓が天井に当たってしまうのだ。また、仕事をしながらのむずかしさを痛感した。直前まで皿洗いをして、それから会場作り、演奏。気持ちの余裕のないまま、あわただしく終わった。またいつか実現したいとは思うが、なかなかむずかしいかもしれない。そんなことも冬の間の宿題なのだ。

＊

三月にもなると、頭のなかは北穂のことでいっぱいになる。忘れていることはないか、どんなシーズンになるか……。まさに期待と不安の入り交じった気持ちだ。気になって北穂が見える所まで行くと、遠く穂高連峰が真っ白に輝いている。少し襟を正し、山と対峙する。すると、気持ちのなかに緊張感と興奮が芽生えてくる。

入山直前に道楽シーズン最後の演奏会がある。それを終え、弦をいつもより少しゆるめたヴァイオリンを静かにケースへしまう。そして「入山日」という特別な日を迎え、弓を持っていた手にピッケルが握られ、北穂高小屋の新しいシーズンが始まる。

北穂高小屋

北アルプスの南部、けわしい岩稜となっている北穂高岳のまさに頂上に建ち、抜群のロケーションを誇る山小屋。すぐ裏手には岩登りで知られる滝谷が控え、先代の小山義治さんが運営していた時代はクライマーの格好のベースとしても人気があった。特異な立地条件ゆえ、こぢんまりとしたアットホームな雰囲気で、根強いファンが多い。古くから、食事どきにはクラシック音楽をかけるサービスが行なわれており、食事がおいしいことでも有名。

立地＝北穂高岳北峰頂上、標高３１００メートル。上高地から約9時間

収容人員＝60人　設立＝１９４８年

第十五話　北アルプス・ネットワーク

穂苅康治（槍ヶ岳山荘）

　今回は、私たち山小屋の新しい取り組みとして行なっている「北アルプスブロードバンドネットワーク」というＮＰＯ法人について書かせていただきます。

「北アルプスブロードバンドネットワーク」は、無線ＬＡＮを使って、北アルプスの映像や気象データなどの情報を登山者、自然愛好家に提供したり、登山中の事故や病気の際に遠隔医療支援を行なったりするとともに、山のライブ映像を下界のメディアに配信するなど、山岳地域の情報化を推進するものです。広く賛助会員を募って会費収入を得て、登山道整備などの山岳環境保全事業、高山植物やライチョウなどの自然保護事業を行なうことを目的として設立されました。

　それによって、北アルプスでブロードバンドネットワークが使えるなんて、うそみたいなことが現実になってきました。このネットワークは、信州大学医学部附属病院医療情報部が、チェルノブイリにおける白血病の治療に衛星通信を使って遠隔医療の実験をしていたものをベースにしています。その応用編として、北アルプスの山のなかで発生したケガ人や病人に対する山岳救急ネットワークを立ち上げたのが始まりです。いわゆるV－SATの利用です。

当初の衛星通信は、通信料が高く、毎年の機材の設置、撤去費用も馬鹿にならないので、山岳救急医療という無償に近いサービスには不向きでした。

そこで、通信費を必要としない地上系の無線通信が必要となってきました。免許を必要とせずに利用できる高速無線通信装置としては、無線LANがありましたが、通信距離が数キロでしたので、長距離化が必要でした。これに関して、長野県情報技術試験場が提案した研究が総務省の特殊法人の通信・放送機構（現在は独立行政法人情報通信研究機構）で一九九八年に採択されました。そして、地元ケーブルテレビ会社、通信工事会社などとの共同研究により、無線LANを使った山岳救急ネットワークの実験に進化していきました。

ソーラーパネル二枚くらいで給電できる無線LANは、小型で省電力、通信料無料ということで、ボランティアの山岳救急ネットワーク向きだと思います。その後、ネットワークに豊科日本赤十字病院、豊科警察署、慈恵医大附属病院、名古屋市立医大付属病院、松本広域消防局などが加わり、組織は充実してきました。

実験的運用が終了するのに伴い、この無線ネットワークを、インターネットプロバイダなどを中心とする本格的なネットワークとして運用することを検討しましたが、無線を飛ばせる距離が五キロという法的制限があり、二十キロを超える距離を結ぶ山岳地域への利用には問題がありました。しかし、幸運にも二〇〇四年の電気通信事業法の改正で制限が緩和され、山小屋を主体とするＮＰＯ法人が運用を行なうことによって、通信事業者ではないＮＰＯのネットワークの自主運用が可能になりました。

山岳医療の使用例としては、実験中に、大天井ヒュッテで骨折した人を、槍ヶ岳山荘の東京慈恵医大のドクターに、遠方からネットミーティングで診察していただき、固定したり、冷やしたりというアドバイスをしていただいたこともあります。このときは、本人は当初捻挫だと思っておられましたが、ヘリコプターで下山後、レントゲンで見て骨折と判明しました。

また、高山病の方へのアドバイスや、落雷にあった方へのアドバイスをこのネットワークを通じて豊科日赤病院よりいただいたこともあります。とくに、落雷によって火傷をされた方に対するアドバイスは、火傷は冷やせという現場の常識をくつがえすもので、患者さんは一日温めて過ごし、翌日には歩いて下山されました。

二〇〇四年六月末にＮＰＯの設立総会を開催して、十月に長野県の認証を得て、設立登記がされました。翌年の一月には、環境省への設備設置許認可を申請して、五月からネットワークの運用を開始。そのシーズン、ネットワークに参加した山小屋は、当初の実験に参加していた蝶《ちょう》ヶ岳ヒュッテ、北穂高小屋、槍ヶ岳山荘、常念《じょうねん》小屋、大天井ヒュッテ、南岳小屋と、涸沢小屋、涸沢ヒュッテ、槍沢ロッヂ、殺生《せっしょう》ヒュッテ、ヒュッテ大槍、燕山荘といったところです。設備設置の予算と下界とのアクセスポイントが確保できれば、さらにネットワークを拡充して北アルプス全域をカバーしていければと考えています。

各小屋にはウェブカメラを設置して、NPOのホームページに載せる予定ですので、インターネットや携帯電話で、さまざまな山のようすを常時見ていただけるようになるはずです。現在、槍ヶ岳山荘のホームページから、槍ヶ岳の今のようすをご覧いただいていますが、これは、携帯電話を使ったシステムで、太陽電池で給電して、一日二回、画面を更新しています。これが無線LANになりますと、雲が動いている、人が歩いているといった状況がわかる動画にもできます。蝶ヶ岳、槍ヶ岳では、無線とウェブカメラの越冬運用実験もしていますので、うまくいけば冬山のようすも見てもらえるかもしれません。

個人賛助会員の方には、各山小屋のスタッフから、現地の旬な写真や情報を無線LANでお伝えできるようにもなりますし、ホームページでは、現地の気温もチェックできるようになりますので、登山前の装備の準備などに活用してもらえるかと思います（二〇二〇年にサイトをリニューアルし、現在はすべての方にライブカメラの画像を公開しています。賛助会員を募ることはやめて、グッズの販売を同サイトで行なっています）

槍ヶ岳山荘

北アルプス・槍ヶ岳直下に建つ。その抜群のロケーション、収容人員400人という規模から、日本を代表する山小屋のひとつ。なお、穂苅康治さんは2020年に代表を退き、穂苅大輔さんが経営を引き継いでいる。「北アルプスブロードバンドネットワーク」のアドレスは以下のとおり。 www.northalps.net
立地＝槍ヶ岳南直下、標高3060メートル
収容人員＝400人　設立＝1926年

第十六話　いいほうがいいじゃないですか

柳澤太平（赤岳鉱泉）

山小屋を継いで、二〇〇五年で約二十五年になります。親父が倒れて仕方なく小屋に入ったのが最初です。山小屋の子どもですから、山小屋は自分の家ですし、慣れてはいましたが、それと仕事・商売はもちろん別なわけで、まして若かったですから、いろいろとむずかしかったですね。

今思うと、漠然とした、自分の理想とする小屋っていうのはあったと思います。今になって、そう思うんですが。

だから、今がそういう小屋になってきたという確信はあります。当時の山小屋のイメージ——常連が集って、静かに小屋の親父とストーブを囲んで酒を飲む——みたいなことは、頭のなかにはまったくありませんでした。若かったから、そんなふうに考えていたっていうのは、当然あると思います。でも、今もうちの小屋はそういう小屋ではないです。ありがたいことに常連さんはすごく多いですけどね。

当時は、そういうのがよい山小屋だという風潮が根強かったので、ヤマケイの山小屋ランキングなんかには、本当に縁がなかったですね。施設も食事もどこの小屋よりもよいようにと、ひたすら考えてやってはいたけれど、限られた条件のなかで工夫して、一日中厨房で手作りして食事を出しても、「山のメシは飯と味噌汁だけありゃいいんだ！」なんて怒鳴られたこともあります。

でもめげませんでしたよ。だっていいほうがいいに決まってるじゃないですか。当然、経費のかかり方も、うちは半端じゃないですよ。税理士さんに言われるくらい。

二十五年前から、工夫し続けて。いいと思ったことはすぐ実行する。これは親ゆずりですね。親父はなんでも思いついたら即行動でしたから、「やったことは多いが二割が成功、八割は失敗だったな」って言ってましたね。自分もそうですよ。従業員を巻き込んでどんどんやっちゃうんで、いわゆる「思いつきでものを言う」いやな上司ですよ。

でも、うちは人に恵まれてるって思います。みんな若いのによくついてきてくれますよ。お客さんからもこういう子たちがうちの職場にもほしいなあと言われます。自分の知らないこと、足りない部分をどんどんフォローしてくれますね。結果、自分が思っていた以上のことができあがったりして、ありがたいですね。

今、冬にやっているアイスクライミングゲレンデなんかその最たるものですね。本当にみんな寒いなか苦労してくれました。でも苦労しても楽しい、結果につながるのが楽しいと思ってくれたらいいなあと。お客さんもすごく楽しんでくれますし、これのおかげでアイスクライミングの事故がまったくなくなりました。考えていた以上の成果で、努力や苦労が報われた気がします。

＊

最近は、今までの自分にはなかったことですが、浄化槽とか、ゴミ処理とか、自然のなかで商売していく以上、避けて通れない課題に取り組まざるをえなくなってきました。すごくむずかしいですね。行政といっしょに考えていかなければならないから。机上の取り組みなんか、今までやったこともないわけですよ。次々に出てくる問題をクリアしてようやくかたちになっても、次は実際、現場でうまく稼働するかってところでも試行錯誤です。多くの人がかかわって、すごく苦労してくれています。もちろん経済的な負担もかなりのものですから、やらないままやりすごしている小屋もあると思いますよ。でも、自分みたいなのが言うのはおこがましいですが、やれないのは仕方ないけれど、考えないのはいけないですね。絶対。

自分はそういうことに詳しいとか、これからの地球がとか、自然がとか、そんな考えはあまりもっていません。どっちかといえば、やりたいことをやって、食べたいものを食べてっていう享楽的な人間ですね。でも、じゃあなんでこんなことをしてるんだって考えると、らしくはないですが、「子どものためかな」って頭に浮かびます。よりよいかたちで、なるべく自然と折り合って共存できるようにして、渡してやりたいという気持ちがあります。

ぜんぜん違う話ですが、うちは通年営業なので冬でも遭難救助にかかわることがあります。出るほうも危険が伴うことですから、相当覚悟がいりますが。山小屋にはありがちな話だと思われるでしょうけれど、実際に山小屋の人間は山に慣れてはいても、登山のエキスパートではないので、救助まで出るのはあまりないことです。そこまでの技術をもつのは相当の訓練を受けていないと無理ですし危険です。

でも、自分がどうしても救助にかかわらないといけないときには思いますね。自分が人を助ける分、いつかだれかが、どこかで自分の子どもたちを助けてくれるかもしれない……と。

ちょっとレベルの違う話に思うかもしれませんが、自分のなかでは、今、山小屋をやっているという現実のなかで、そんなことを思っていることにあらためて気づいたりしています。自分レベルでは些細な意識ですが、次世代に継いでいくっていうのは、そんな些細なことがいちばん大切なことなのじゃないかと思います。

じゃ、子どもたちはそんな親の気持ちをわかってくれるかっていうと、てんでに違う方向を向いてたりするんですよね。自分はやむにやまれぬ事情で小屋を継ぎましたが、よその山小屋で「跡継ぎが……」なんて聞いていた話が、近い将来、自分の身近に起こってくるんでしょうね。

いろいろ欲をもって山小屋をやってきましたけれど、最後の欲は、子どもたちのうちのだれかが、親のつくってきた小屋を認めてくれて、後を継いでくれるなんていうシンプルなものなのかもしれませんね。

赤岳鉱泉

南八ヶ岳の中心的存在となる山小屋。赤岳や硫黄岳登山の格好のベースとなるだけでなく、冬季も営業しているため、横岳西壁のバリエーションルートやアイスクライミング目的のクライマーにとっても心強い存在となっている。その名のとおり、風呂に入ることができたり、食事も山小屋の常識を超えた豪華なものが出るなど、サービス向上に積極的な小屋としても知られている。周辺は国内有数のアイスクライミングのメッカでもあり、国内初の人工氷瀑を設置していることでも話題となった。なお、2014年に柳澤太平さんから太貴さんへと代替わりした。

立地＝八ヶ岳西面柳川北沢源流、標高2200メートル。美濃戸口から約3時間

収容人員＝250人

設立＝1955年

第十七話　高千穂の日の丸

林　満男（霊夢庵）

宮崎県西諸県郡高原町大字蒲牟田一。これが私のいる山小屋の住所です。九州霧島、高千穂《たかちほ》峰の山頂です。ここに霊夢庵《れいむあん》は建っています。

高千穂峰は天孫降臨の伝説が残る霊峰です。山頂には、伝説の象徴である天ノ逆鉾が立っています。そんな場所に小屋は建っているため、「霊が鎮まるところ」として、このような小屋名になっています。通常、「高千穂峰山頂小屋」と呼ばれていますが、正式な名前は霊夢庵といいます。

ですから、ここでは「小屋番」とはいいません。「峰守」といいます。山を守るのが仕事だからです。現在の峰守・石橋晴生は私のおいで、私は「峰守代理」として、小屋に入っています。

初代の峰守は、私の義理のおじにあたる石橋國次。小屋を建てたのは、大正時代と聞いています。その後、二代目の石橋利幸に引き継ぎました。その間、大東亜戦争中はB29の標的になるというので取り壊し、戦後に再建しました。そして一九五四年の台風で倒壊し、二年後に再び建て直しました。私はこの数年後から小屋での仕事を始めました。

私は大工の仕事をもっていましたので、数年間、小屋に勤めたあと、長いこと小屋を離れておりました。その間、小屋の宿泊者が減り、八年前には休業を余儀なくされてしまいましたが、五年前から私が小屋に入ることになり、営業を再開することができました。

そのころ、小屋はかなり傷んでおり、大がかりな修繕が必要でした。二〇〇四年にようやく、数百万円かけて直し、それが今の小屋というわけです。

小屋は小さく、日帰りのお客さんが中心です。宿泊もできるのですが、十人くらいが限界です。食事も出ません。寝袋はいくつか用意しておりますが、基本的には寝具を持参していただく素泊まりとなります（二〇二〇年現在は無人の避難小屋）。

宿泊には予約をお願いしているので、正月など泊まりのお客さんが多いときは、十日ほど前に予約でいっぱいになってしまいます。そんなときはそれ以上の宿泊予約を断ることもあります。違う日にずらしてもらうのです。

高千穂はそれほど山深い所ではありません。ほとんどの登山者は日帰りです。一泊しないと登れない山ではありません。それでも泊まりたいというお客さんがいるのは、山頂からのご来光を見たいからなのです。とくに正月は、初日の出を見るために、山頂が埋まってしまうほど多くの登山者が集まります。天孫降臨の神々しいご来光は、高千穂に登る人にとって大きな価値があるものです。

＊

私は毎日、この小屋で日の丸の旗を揚げています。朝にそれを揚げ、夕方にしまう。それも私の大切な仕事なのです。

山頂で日の丸を揚げている山は高千穂しかないのでは、とヤマケイの人に言われました。私もそう思います。ここでは、小屋ができた大正時代から日の丸を揚げています。建国記念の日に揚げたのが、その後定着したのだろうと考えていますが、いずれにしろ、今では毎日揚げるのが決まりです。それがこの小屋の伝統なのです。

日の丸を揚げるのは理由があります。高千穂の神様に揚げるためです。今日一日が無事に過ごせるように、願いながら日の丸を揚げます。これをしないと、山の安全が保てないような気がするのです。

もうひとつの理由は、登山者の目印となるためです。高千穂の山頂部は樹木がないため、遠くからも見通しがききます。日の丸を揚げることで、山頂をめざして登ってくる登山者に「ここが山頂ですよ」と教えてあげることができます。それを励みに、山頂までがんばって登ってくることができるように。

私は麓の自宅から毎日小屋に通っています。予約があってもなくても通います。自宅を朝五時半ごろに出て、バイクで一時間。登山口から二時間ほどかけて山頂まで登り、まずは日の丸を揚げます。そして午後三時半から四時ごろには旗をしまいます。泊まりのお客さんがいなければ、それから山を下り、自宅にもどります。

これを毎日続けているために、山頂の風雨にさらされ、太陽の光を浴び続けて、日の丸の旗はすぐにぼろぼろになってしまいます。そのため年に最低二回は交換します。台風などが来るとすぐにだめになってしまうので、年に四、五枚必要になることもあります。二〇〇四年は台風上陸が多く、困ったものでした。

これらの旗は、信仰心深く高千穂に登ってくる行者の方や、小屋の常連の方などが寄付してくださっています。こうした方々の山を思う心によって、大正の昔から高千穂の山頂には日の丸が揚がり続けているのです。本当にありがたいことです。

＊

高千穂は日本一の信仰の山だと私は思っています。そして日本一展望のいい山だとも思っています。

高千穂はきれいな円錐形をした山で、山頂は三六〇度、さえぎるものがありません。九州南部がすべて見渡せます。南に桜島、屋久島、東にシーガイヤ、北は阿蘇山まで一望のもとです。以前は雲仙の噴煙も望むことができましたが、近ごろは、空気が汚れて見えなくなってしまいました。とても残念なことです。

展望だけではありません。夜になると、星がとてもきれいに見えます。空が近く、まるで星に手が届くように見えるのです。それは感動的で神秘的な光景です。泊まりのお客さんがいるときは、私も小屋に泊まりますので、晴れた夜はよく空を見上げています。

残念なことに、最近は軽装で危なっかしい登山者が増えています。短時間で登れる山とはいえ、山の危険は変わりません。ぜひしっかり準備をして、この高千穂のすばらしい展望を味わいにきてほしいと思っています。

霊夢庵

霧島連峰・高千穂峰の山頂に建つ山小屋。本文にあるとおり、通常は「高千穂峰山頂小屋」として知られている。小屋の歴史は古く、大正時代にさかのぼる。初代峰守である石橋國次さんから、3代にわたり山を守ってきた。執筆者である林満男さんは、3代目の石橋晴生さんが一時的に山を下りた時期に、数年間峰守代理を務めた。2020年現在、この小屋は無人の避難小屋として利用されている。

立地＝高千穂峰頂上、標高1574メートル。高千穂河原から約2時間

収容人員＝10人

設立＝1920年代

第十八話　わが家のトイレがよくなった

米川正利（黒百合ヒュッテ）

わが家のトイレが完成し、きれいになり、清潔になった。

黒百合ヒュッテでは、し尿と家庭用雑排水を処理し、その処理水を再度トイレの洗浄水に使用する循環型合併処理浄化槽が完成し、水洗トイレになった。もちろん、風力発電・太陽光発電によるハイブリッドの新エネルギーを利用している。そして蓼科山荘では、電気を使用せずにバイオでの土壌処理式による循環型合併浄化槽の簡易水洗になった。

私が山小屋に入ってからいつの間にか五十年（二〇〇五年の執筆当時）になろうとしているが、昔のトイレからするとあまりにも変わりすぎて、時代の波の激しさを感じる。

人間はなにかを食べないと生きていけない。食べれば排泄することが待っている。人は二人三人と集まると、いつか必ず食べる話になっていく。どこの店のケーキがうまい、やわらかいステーキが食べたい、一度はあの魚を食べてみたい、などなど、果てしなく話が続く。そして行き着くところは排泄の話だ。今日はよく出たぞ、便秘いや下痢だったとか、そんな話の繰り返しだ。

昔、登山人口が少なかったころは、今では信じられないようなことを用便のためにしていたものだ。山小屋のトイレを使わずに、屋外でいかに快適に用を足すかという話になる。なるべく景色のいい所を探して、周りを眺めながらしたり、苔の美しい所、花のいっぱい咲いている所、水辺のせせらぎ……。男性は「キジウチ」、女性は「オハナツミ」といって、再三出かけたものだ。一度屋外ですると、快感を覚えてやみつきになってしまい、やめられない。次はあそこで、今度はここでと、行動を起こしてしまった。

だが、用を足したあとが大切だ。次の人が来るかもしれない。きちんと後始末しなければみぐさい(長野の方言で見苦しい)。動物が食べてしまうかもしれないし、人の迷惑にならないように埋めることが大切だった。

尻を拭く紙は非常に見苦しいため、なるべく使わないようにした。ではなにで拭くかというと、やわらかい草や木の葉、苔とかすべすべした石、水があれば水で洗う。その場所にあるもので使用できるものがあれば、なんでも使ったものだ。尻を拭くということも楽しみのひとつだった。ところが、この快適だった行動が最悪の山の破壊になっていたとは、気がつきもしなかった。

昔の山小屋のトイレは、あまり快適に使用できるとは限らなかった。ほとんどの小屋では、小屋の裏の暗く、離れた場所にあり、汚物が丸見えだったり、便を落とすと「おつり」が返ってきたり、岩と岩の間に床があるため、何メートルも下まで見えて風がひゅうひゅう上がってくるとか、あまり条件がよくなかった。

さらに、ほとんどの小屋が、ひと昔前では、し尿も雑排水も「地下浸透方式」といってきちんと処理しているように見えたが、その実態は「たれ流し」がほとんどだった。

近年、中高年層のトレッカーや観光を中心とする登山者が増加するにつれて、山岳地帯から流れ出す沢水が大腸菌に汚染されている実態があちこちで報道されてきた。登山者や山小屋から未処理のまま排出されるし尿が原因であると思われるため、環境保全の面からも山岳地域の社会問題として取り上げられるようになった。「キジウチ」や「オハナツミ」を平気でやっていた登山者（私も含めて）や、山小屋のでたらめな処理方法が原因であることは前々からわかっていたので、われわれ山小屋の責任の重さを痛切に感じた。

最近は、町の公衆トイレや家庭用のトイレまで近代化し、とくに子どもや女性は昔のままの山小屋のトイレに入れない人が多くなった。汚いとか怖いと言って敬遠する。

そうかといって屋外ですることもできない。登山者がおそるおそるトイレに入っていくのを見かけることが多くなった。これは山小屋としてはなんとかしなければならない。

さらに、八ヶ岳山麓は、広大な森林や豊富な地下湧水など自然に恵まれている。この自然を破壊してはいけない。とくに山のなかで生活しているものがでたらめなことをしていたのでは小屋番失格だ。

一九九七年、われわれ八ヶ岳の山小屋の仲間で「山小屋のトイレをなんとかしよう」と考え、山岳トイレ対策推進のためのネットワーク「八ヶ岳山小屋し尿処理研究会」を設立し、「日本の屋根から環境浄化」をキャッチフレーズに活動を始めた。トイレを建てるのに補助金が出るのかどうか、国や県に相談にいくことから始めた。八ヶ岳の山小屋は、北アルプスのそれのように大企業ではない。小規模の小屋ばかりである。時代に合った近代的なトイレを建てるには、資金がないことがいちばんの問題だった。さらに、トイレを建てるには、水がない、電気がない、土地がないと、ないないづくしであった。

ところが、人間一所懸命やればなんとかなるものだ。国や県への働きかけにより、環境省と県から補助金が出ることになった。全国のトイレメーカーも訪ね歩いた。燃焼式、培養式合併浄化槽、土壌処理式などなど……。またヘリコプターで汚物を下界に搬出する方法なども各小屋で研究した。

黒百合ヒュッテでは電気がないことから、太陽光・風力発電のハイブリッド式で循環型合併処理槽を入れた。天水を多く利用して、処理された水を再利用する循環式なので、水が節約できる。とくに水のない冬季にはこの方法がいちばんである。また、蓼科山荘では、電気を使用せずにバイオで土壌処理する循環型合併槽を設置し、こちらも天水を利用して稼働する。こうして、水もない、電気もない二四〇〇メートルの高地で、自然エネルギーを利用したすばらしいトイレになった。敷地の問題も、環境浄化に先駆的に取り組んでいることが評価されて、必要最小限の敷地を確保することができた。

こうした八ヶ岳の取り組みは、多くの賞をいただいた。日本河川協会から「日本水大賞」、新エネルギー機器等表彰で「新エネ大賞」、自然エネルギーを積極的に導入した実績で「環境大臣賞」も取得した。山小屋の仲間が努力した賜物と信じている。

黒百合ヒュッテのトイレは、冬、マイナス二十五度でも稼働している。これで登山者がトイレの心配なく八ヶ岳に登ってきてくれればうれしい。

黒百合ヒュッテ

八ヶ岳の天狗岳や揺鉢池に近い黒百合平に建つ。針葉樹林に囲まれた豊かな自然に恵まれ、冬季も営業しているため、年間を通じて登山者の姿が絶えない。米川正利さんは八ヶ岳を代表する小屋番のひとり。現在は長男の岳樹さんが小屋の経営を引き継いでいる。なお、蓼科山荘も米川さんの経営。
立地＝八ヶ岳黒百合平、標高２４１０メートル。渋ノ湯から約2時間
収容人員＝２００人
設立＝１９５４年

第十九話　九回裏の守備固め

藤森周二（赤岳天望荘）

小屋開けを野球にたとえたら一回表の攻撃、サッカーならキックオフ。いっぽう小屋閉めは野球なら九回裏の守り、サッカーなら試合終了前のロスタイムのようなもの。小屋開けのころは今年一年どうなのかと、わくわくしながら食材の仕入れやスタッフの配置を考え、強気な姿勢で小屋の運営を行なうが、小屋閉めはまったく違う。今、私は四軒の山小屋を経営しているが、今回は、そのなかの一軒、赤岳天望荘の小屋閉めについて少し書いてみたい。

＊

天望荘の小屋閉めは例年十一月の上旬、私を含めてスタッフが小屋閉めを意識しはじめるのが十月十日過ぎ。なにをまず始めるのか。それは在庫の管理だ。八ヶ岳では、冬は氷点下三十五度以下になるので、水物（ビール、ジュースなど）はなるべく売りきることを考える。食材も、残りの一カ月の宿泊人数を予想し、荷揚げを行なう。だいたい数百人単位で予想をするが、それが天気などによってけっこう狂う。そのジャッジは私が行なうが、性格的に強気のため、オーバーぎみの人数になることが多く、経理担当（私の妻）に責められる。まあ、毎年のことだが……。

十月の中旬になると小屋閉め準備が始まる。まずは外作業。暖かいうちに小屋の補修や雨どいの清掃、水の貯蔵用タンクの清掃など、水が凍らないうちにガンガンと行なう。高所作業は若手、タンクの中に入り、ずぶ濡れになるのも若手、ベテランは高度（？）な大工仕事。まさしく年功序列がそこに発生しはじめるが、夜はベテランが若手をやさしくいたわり、また明日も頼むぞという意味もこめ、秘蔵の酒を振る舞い、毎日テンションが高くなっていく。

女性スタッフは食材の収納とお客様の対応に没頭している。とくに食材の整理は「チュー対策（天望荘ではネズミのことをチューと呼ぶ）」に細心の注意を払う。チューの好物の粉物は密閉式のコンテナへ、凍るとまずいものは布団で包んだりと、細かく仕分けをするが、たまにアバウトなスタッフがいるとその都度やり直しをしなければいけない。チューの怖さはひと冬終わるといつも痛感する。無人のときは毎日運動会を開催しているらしく、景品はインスタントラーメンやスタッフ用のお菓子など。完食せずにつまみ食いをし、ていねいに巣穴近くまで持っていく。

食材の保管場所の明記も大切な仕事である。この時期に奥にしまわれてしまい、数年後に発見された食材は、これまでにもたくさんある。年代物の醤油などは毎年発見され、その都度処分されて哀れな醤油人生を送っている。

ところが、二〇〇五年の小屋閉めはいつもと大きく違っていた。例年、天望荘では年末年始営業を行なうが、そのシーズンは、それにプラス、二月十日から三月二十一日の期間も営業を行なう。写真家や冬季登山者の強い要望があり、小屋を開けることが決定したのだ。

そのための事前調査を、前のシーズンの二月に数日間小屋に入って行なった。その結果わかったことは、気温が外気で氷点下三十五度以下にまでなること。氷点下三十五度表示までしかない寒暖計が壊れたことがそれを物語っていた。ちなみに、アルコール度数四十度のバーボンがしっかり凍っていたのをスタッフ全員が目撃した。そして稜線は荒れ出すと人が立っているのが精いっぱいな状態……。

晴れた日の朝日と夕日はまさしく絶景だが、小屋の中はつねにマイナスになってしまう。暖房費を考えると、冬に小屋を開けることが本当にいいのか疑問であるが、冬山のよさを多くの方に知ってもらうためには、小屋を冬季期間に開けることは、ひとつのチャレンジなのかもしれない。

冬季営業の現実には、人的負担と資金的負担の二面がある。人的負担はこの環境下で動けるスタッフの確保である。安全かつ安定して小屋と下界を行き来でき、一週間以上氷点下三十五度以下の環境で動けるスタッフが必要で、今回はスタッフも厳選し、バックアップ態勢も取り、万全を期して臨む。スタッフの服装や用具も、かなり厳選をして、メーカーから取り寄せたよいものを使用する。

いっぽう資金的負担について。冬季は暖房費が夏の三倍はかかる。お客様が寒い思いをしないように、ストーブの数を増やすのは当たり前だが、食事も鍋物（赤岳天望荘はバイキング料理で鍋も二種類用意の予定）を中心に、温かい食事を提供することを考えて、つねに加熱のため電気を使用する。電気はソーラーと風力発電の自然エネルギー中心だが、いつも晴天とは限らないし、風も強すぎると機械の破損原因になるため、強制的にブレーキをかけなければいけない。発電機使用もやむなしが現状である。

ただ、赤岳天望荘のロケーションで助かることもある。それは稜線上に位置するので、朝日、夕日がきれいに見えること。そして、日が差し込んでいる時間が長いということである。さらに、小屋の窓を改良し、光を取り込んで外気温を遮断する仕組みを取り入れたおかげで、だいぶ暖かさが変わってきた。人間やはり日の光の暖かさがいちばんである。

*

小屋閉めの最後の大仕事は、シャッターを閉め、きちんと鍵をかけること。ただし、無人のときに登山者が小屋に緊急避難的に入ることができるように、一部、鍵を甘く締めておく場所もある。実際に数年前、冬季期間に五人パーティのひとりが体調を崩し、仕方なくドアを壊して小屋に侵入した。そのパーティからはすぐに謝罪の連絡が来たが、小屋として大事に至らず、そのパーティも無事に下山ができてよかった。そのときのリーダーが言った言葉は「きわめて簡単に小屋に入ることができた」「もし小屋に入れなければ、われわれはどうなったかわからなかった」。山小屋はあくまでも避難の場所という認識を私たちももっており、公共性の高いものだと考えている。そして使用した場合はひと言連絡を、あのパーティのようにしてもらいたい。それが山の最低限のルールだと思います。

二〇〇五年から赤岳天望荘はライブカメラを二台取り付け、十二月二日から赤岳天望荘のホームページで配信を始めている。「今の八ヶ岳が見える」小屋は、無人でも高度な機械が動き、映像を配信できる環境になってきた。われわれスタッフは休暇をとっても、小屋はある意味年中無休で動いている。山小屋は日々進化しています。新しい小屋開けでまたお会いしましょう。

赤岳天望荘

八ヶ岳の主峰・赤岳の山頂直下に建ち、かつては赤岳石室として知られていた。八ヶ岳東面と西面両方が見通せる主稜線上という立地のため、その名のとおり展望にすぐれているのが魅力で、山岳写真愛好家の格好のベースともなっている。山小屋ではめずらしいバイキング形式の食事も宿泊者に好評。ライブカメラは下記で配信中。www.yatsugatake.gr.jp

立地＝八ヶ岳赤岳北方、地蔵ノ頭付近、標高２７２０メートル。美濃戸から約3時間30分

収容人員＝２８０人　設立＝１９４９年

第二十話　オフシーズンはオンシーズン

若林邦彦（白馬山荘）

大雪渓とお花畑で有名な白馬岳《しろうま》。その頂上から百メートルほど下に建つ白馬山荘《はくば》に勤務してはや二十年ほどになります。

毎年春はゴールデンウイーク前に上山して、半年間雪に埋まっていた小屋を開けます。そして春・夏・秋の登山シーズンを過ごしたあと、十月下旬には小屋を閉めて下山する。そんなことの繰り返しで一年が過ぎていきます。

さて、下山してから春までの半年間、私たち山小屋の人間がなにをしているかご存知でしょうか。まあ、小屋によって、人によって、まちまちですが、私の場合を書いてみましょう。

＊

白馬山荘は白馬館という会社が運営しており、ここでは、山小屋を七軒、スキー場を二カ所（二〇二〇現在は一ヵ所）経営しています。山小屋の支配人であると同時に、白馬館の社員でもある私は、小屋を下山後、冬の間はスキー場の運営にあたります。

小屋を閉めてから十二月にスキーシーズンが始まるまでの約一カ月半、時間が空くように思えますが、これがまた忙しいのです。リフトの搬器付け、ゲレンデ内の草刈り、除雪のためのタイヤドーザーの整備とチェーンかけ、ゲレンデに雪が降るたびに作業をする圧雪車の整備など、スキー場準備の仕事は数え上げればきりがありません。草刈りひとつとっても、広いなだらかな斜面は早いうちに大型草刈り機で刈ってありますが、急斜面や狭い場所は手作業でやらなくてはなりません。

また、宿泊部門もありますので、スキー場への誘客のために、関西・中京方面を中心に、営業に出かけるのも重要な仕事のひとつです。

企業や官公庁、学校など、毎年来ていただく所はもちろん、飛び込みで新しいお客様も見つけなければなりません。以前は健康保険組合などから補助金が出たり、大手企業の工場からスキーバスが何台も出たり、宣伝でうかがうと喜んで迎えていただけるという時代もありましたが、ここ数年は不況の影響であちこち回ってもなかなか手ごたえを感じることができず、頭の痛いところです。

そのようなことをバタバタとやっているうちに、あっという間にスキーシーズン到来となるわけですが、今度は次の心配事が待っています。つまり、「雪はいつから降ってくれるのか?」ということです。雪が降らないことには、スキー場にはお客さんが来てくれないからです。

今、私がいるスキー場は、白馬村の「みねたかスキー場」（現在は閉鎖）という所です。ここは標高が低いのでなかなか雪がたまらず、ほかの高い所にあるスキー場が滑走可能というニュースを聞きながら、天気図とにらめっこしてやきもきする日が続きます。

ちなみに二〇〇二年から二〇〇三年にかけてのシーズンはどうだったかというと、驚いたことに十月下旬にドカッと初雪が降り、まだ営業中だった山小屋のなかには大きな被害が出た所もありました。こんな早い時期に降られても迷惑なだけなのですが、十二月のオープン時にはまずまずの降雪があり、ひと安心というところでした。

ところで、こうしてスキー場の仕事をしていると、年末年始のあわただしく忙しい時期が過ぎてしみじみ思うのは、平日のスキー客が少ないということです。十数年ほど前までは、土日ともなるとリフトの前には長い列ができて、一、二時間待つなどということもありましたが、今から思うと夢のようです。高速リフトが多くなったということもありますが、やはり長引く景気の低迷ということが影響しているのでしょう。

二〇〇二年から学校が週休二日になり、子どもが多少は増えるかと期待していたのですが、思ったほどではありませんでした。親もそうそう休んではいられないし、レジャーに回す資金も減らさざるを得ないということでしょうか。

今、ゲレンデを見ていて思うのは、スキーをいちばん楽しんでいるのは中高年の方ではないかということです。登山とまったく同じような傾向がスキー場にもあるように思えます。

しかし、私たちスキー場側としても、景気がわるいからといってただあきらめているわけではなく、いろいろ考えています。月に一度、小学生以下リフト券無料の日をつくったり、火祭りなどのイベントを行なってお客様に楽しんでいただいたり、みやげ物店とタイアップして少しでも安いクーポンを提供したり、努力しています。

料金面とは別に、いかにスキーやスノーボードを楽しんでいただくかということも大切です。雪が激しく降る日は、夜中に起きて圧雪車でコースの整備をしなくてはいけません。大雪が続くときなどは、本当にやれやれと思うときもあります。

いっぽうで、連休などに、予想外の数のお客様に来ていただき、駐車場が満杯で誘導に四苦八苦ということもあり、そんなときはうれしい悲鳴というところです。

冬も残りわずかな時期になると、気がかりはやはり降雪量です。三月末の営業終了までもつだけの雪が早く降りますようにと、神頼みの心境です。なぜなら、三月になってから降る雪はおおむね雨雪で、それまでの雪を消してしまうことのほうが多いからです。

そして無事に冬のシーズンを終わらせることができれば、大急ぎでスキー場の片付けを終わらせて、休む間もなく、今度は登山シーズンに突入します。再びゴールデンウイークの上山に向けての準備が始まるのです。

夏の山小屋と冬のスキー場、仕事の内容はまったく異なりますが、こんな具合に私は一年を通してずっと白馬の山で働いています。これからも、美しい白馬岳をめざして来てくださる登山者、スキーヤー、スノーボーダーの方々のためにも、ますます元気を出してがんばっていきたいと思っています。

白馬山荘

北アルプスでも屈指の人気を誇る白馬岳の直下という絶好のロケーションにある山小屋。収容人員は1200人で、国内の山小屋最大規模。山小屋が開設されたのは、北アルプスのなかでも最も古い100年前といわれる。展望レストラン、豪華な個室、大規模な太陽光発電施設、天体望遠鏡など、設備も充実。あらゆる意味で日本の山小屋を象徴するような存在である。なお、執筆者の若林邦彦さんはすでに退職している。
立地＝北アルプス白馬岳頂上直下、標高約2832メートル。猿倉から約6時間15分
収容人員＝800人
設立＝1908年

第二章　新しいわが家をつくる

第二十一話　日本でいちばん小さな山小屋

手塚宗求（コロボックル・ヒュッテ）

時代は昭和の二十年代後半だった。そのころ、私の山仲間の年齢は誰もが二十歳前後と若かった。一緒に山に登り山を語った私たちそれぞれが共通した、例外なく抱いていた夢のいくつかの中に山小屋があった。

寄ると触《さわ》るといつのまにか、どっかの山の中に小屋でも作って暮らしたいものだと、それぞれが勝手に熱っぽく話し合ったものだった。具体性は全くなくても、夢を持ち続けることは幸せだった。

その内容はほとんど忘れてしまったが、私と同年の仲間が「遠い山小屋」という詩を作って、それを私に見せてくれたことを思い出す。それは「小さな山小屋」のイメージが凝縮されたなんともロマンチックな詩だった。

生活の匂いが全くない、クリスマスケーキの上に出来上がったような、玩具《おもちゃ》のような山小屋だった。勿論、稚拙な詩にすぎなかったが、書けば私も多分そんな表現になるだろうと思える詩であった。

夢の中の私の山小屋も、決して大きなものではなくて「小さな山小屋」だったからだ。山小屋とは小さいものでなくてはならなかった。そして山小屋は、ずっと遥かな山の向こう、僻遠《へきえん》の地にあるべきものだった。

しかし山小屋の夢を語り合った仲間も、高校や大学を出て就職したり家庭を持つようになると、夢は夢のままで終わってしまい、山小屋どころか山そのものにも足を向けなくなってしまった。私だけが独り相変わらず夢を追い続けていたと言ってよいだろう。

結局私は念願かなって昭和三十一年の七月中旬、現在も続けている山小屋を車山《くるま》の肩に実現した。その夢が現実になった経緯《いきさつ》については、すでに自著の中や雑誌とか新聞などに書きつくしたので、もうここでは触れない。

その山小屋も平成十三年の七月には創立四十五周年を迎えた。七月の何日とは特定できないが、ニッコウキスゲが高原の全山をオレンジ色に染めあげたある日、ついにここまで来たかと、そう思った。幸運にも四十五周年を迎えることができたのだ、そう思った。しかしなぜか私の胸のうちに熱いものがこみあげたり、特別な感慨が湧かなかった。

ただ、不思議というか妙に、まだ少し若さをとどめている両方の手の、ずいぶんと苦難をともにしてきた手の甲を、愛撫するようにじっと見つめていたことを覚えている。

＊

昭和三十一年の創立時の、山小屋の床面積は三十三平方メートル弱だった。昔風に言えば九・九坪七合五勺である。畳の数にしたら二十枚を並べた広さであった。並の住宅なら、寝室か書斎のスペースでしかない。

以上のような床の上に、どのように工夫し、知恵をしぼって、炊事をする所、トイレ、洗面所、寝室、居間などを配置してみても、そのどれもが極端にせまいものだった。

手近な所に水場もなかったし、風呂などは最初から設計図に入っていなかった。土間にイガヤ式ストーブを据えて、そのストーブをかこむような形にして腰掛け用の椅子を造りつけにした。その土間の一隅をカウンターで仕切って炊事場にした。畳三枚分ほどの広さだった。

ヒュッテの看板をかかげてみたものの、これはまことにおこがましいという他はなかった。今にして思い出してみると、独り者の生活ができる程度の山小屋に、人を宿泊させる訳だから滑稽という他はない。

寝室とはとても言い難いが、とにかく一部屋あった。スペースは九・九平方メートルだった。古い言い方にすればたったの三坪である。これも畳の数にしてみればわずか六枚にすぎない。つまり六畳間ということになる。

私は一計を案じて一部分を二段ベッド式にした。三・三平方メートルの板の間をはさむ形で二つ作った。これで八人はなんとか横になれる仕組みになった。

実は私は、その山小屋草創のころすでに、現在の妻である幸子《さちこ》と二人で暮らしていた。いわゆる新婚の形であった。ひところ流行った歌の文句ではないが「いつのまにか　暮らしはじめていた」のだった。

今では全く考えられないし、信じてもらえない話だが、宿泊者も私たちも夜は肩を寄せ合って眠ったのだ。

さきほど出会ったばかりの人たちと、何の抵抗感もなくごく自然のままに、一緒に眠ることができた。私は時にそのころを思い出すのだが、本当にそんなことができたのかと、信じられない思いになる。

体験的に私は、最低限の山小屋の生活を知っていたからなんでもなかった訳だが、山小屋を全く知らない幸子はどういった心境だったのか。しかし彼女は私と同じように自然のままに、初対面の人たちと接していた。同時に、宿泊する人たちも、これまたなんの困惑もなくて、むしろたちまち私たちと親しくなってしまった。

*

測ったことはないので正確にはどうか、水場までは直線距離にして二五〇メートルから三〇〇メートルだった。車山の湿原を源にした細い沢が流れている。水を運ぶ道具は十八リットルのバケツ二つと、手製のサワラの天秤棒だった。

水汲みの仕事は山小屋の重要な日課の一つだった。平均して一日に五回くらいは水場を往復した。単純計算でも水を運ぶために一日三キロメートルほどの山坂を登り下りしたことになる。その重労働もさして辛いとは思いもしなかった。むしろ私は水汲みとか薪を作るとか、歩荷《ぼっか》といった仕事は山小屋の象徴的なものだと思っていたからさわやかな気分にさえなった。

最終交通機関のバス停だった霧《きり》ケ峰《みね》の強清水《こわしみず》から山小屋までは約三・五キロメートル、「遠い山小屋」を夢みていた私からすれば短い距離だった。しかし五十キロを超す重量の歩荷になると一時間はかかった。雪の深い日は二時間も必要だった。

歩荷でもっとも厄介なものは灯油だった。現在はポリタンクなど密閉性の強い容器があるが、当時はブリキ製の一斗缶（約十八リットル）に灯油を入れて運んだ。液体は背負子につけても始末が悪い。歩くたびに負荷が移動するからだ。灯油が缶から染み出て背中の皮膚が火傷のような状態になったことを覚えている。

私の山小屋は今までに台風で全壊したために再建したり、老朽化して建て替えをしたり、必要にせまられて増改築もしてきた。現在の建物は平成八年に新築建て替えしたものである。外観は大きく見えるが客室は三つしかない。

一口に山小屋といっても一晩に数百もの人を収容する大規模なものと数人しか宿泊できないようなささやかなものもある。経営的には小さな小屋は苦しいが、私の場合、まあ、これでいいと思うしかない。いまだに私は「遠い山小屋」を夢みている。

コロボックル・ヒュッテ
夏はニッコウキスゲの黄色い花でおおわれる、霧ヶ峰・車山の肩に立地。収容人数15人と、営業小屋としては収容人数が最も少ない小屋のひとつ。創設者の手塚宗求さんは『山――孤独と夜』(山と溪谷社)をはじめ、数々の著作でも知られる。なお、現在は手塚貴峰さんが跡を継いでいる。
立地＝車山西肩、標高1820メートル。強清水から約50分、あるいはロイヤルイン前バス停下車
収容人員＝15人
設立＝1956年

第二十二話　愛鷹の翁

加藤 満（愛鷹山荘）

愛鷹山《あしたか》（連峰）は、箱根や富士山小御岳《こみたけ》と同じく、形成されて約七十万年を経た休火山である。

正月の初夢では、縁起のよい順に「一富士、二鷹、三茄子《なすび》」などと言われる。しかし、愛鷹最大の難所とされる鋸岳《のこぎり》を恐竜の背中のように残した大沢噴火口と熊ヶ谷噴火口の大爆発が起こらなかったら、山麓の大きさから「一鷹、二富士、三茄子」の可能性もあった――と言いたいほどに、愛鷹連峰は魅力のある山である。

しかし、かつて鋸岳は「魔の山」「人喰い山」と恐れられ、猟師や炭焼きの杣人《そまびと》も近づかない山であったという。

このような愛鷹連峰に、富士山などの展望山脈として多くの登山者が登るようになったことについて、忘れてはならないのは、地元の須山村で初めて起きた山岳遭難事故である。

一九二八年十月十七日、静岡商業学校の学生ふたりが愛鷹山に登る途中、天候が急変して、霧が出て風雨が強くなり、登山をあきらめた。そして引き返すときに道を失い、逆方向の鋸岳方面に迷い込んでしまったのである。

そのころはまったく道がなかった険悪な鋸岳の稜線で、ひとりが疲労で息絶え、もうひとりは命からがら集落にたどり着いたが、その姿はこの世のものとは思えないほど悲惨なものであったという。

この遭難が引き金になり、二度と事故がないように、地元須山村の学生が中心となって登山道を造りはじめた。村の青年団も協力し、村をあげての六年にわたる困難をきわめる作業の末、連峰を縦走・横断する登山道が完成し、鋸岳の稜線には鎖が架設された。

これらの経緯は、冠松次郎著『富士山の旅』に詳しい記述がある。

＊

ところで、このころ、愛鷹の山を語るうえで欠かせない人物の活躍があった。のちに富士山須山口登山道復興の立役者ともなった、郷土史研究家の渡辺徳逸翁がその人である。

渡辺翁は、登山道整備と並行して、山小屋の建設に取り組んだのである。そして一九三〇年、三棟一群の山小屋「愛鷹山荘」が完成した。

山荘は、客棟（六十人収容）、管理棟、主客棟（書斎と浴室）からなり、冠松次郎、今西錦司、岡田紅陽、国府犀東の諸氏が利用したという。

こうして須山の学生たち、そして渡辺翁の尽力によって、「魔の山」であった愛鷹山は登山が楽しめる山になったのである。

しかしその後ほどなく、岡田紅陽氏が富士見台から、一九三八年発行の五十銭紙幣の写真を撮影したころから、愛鷹の山もだんだんと戦時色が濃くなり、山荘の利用者も登山者も減っていった。戦時中は、若者を訓練する練成所として利用されたりもした。

戦争が激化する一九四四年、長年にわたって山荘を管理していた渡辺翁の実弟が事故死され、やがて終戦。窮乏と物不足、食糧難に苦しんだ戦後は、山荘も無人となり、トタンやガラス、建材などが持ち去られて、炭焼き小屋として利用されていた主客棟（現在の山荘）が残されるのみとなっていた。

＊

そのまま山荘は放置され、だれもが再建は不可能と思っていたが、一九八四年、私は補修の計画を立て、許可を得るために渡辺翁を訪ねた。

作業は、まず、荒廃した登山道の倒木を取り除き、笹を刈ることから始めた。資材の荷揚げは、角材、板、コンパネなどを背負子にくくりつけて一日三往復。もうひとりの小屋番氏は四往復もした。山荘に着くと、大工と土建屋に早変わりである。手伝いは、沼津アルプスの整備を続けている猛者たち。小屋に泊まったり、ヘッドランプで山を下る日もたびたびであった。

資金は小屋番ふたりの持ち寄りで、作業を進めるうちにだんだんと欲が出て、窓をサッシにするなど、すっかり「金食い山荘」となってしまった。しかしそういいながらも愛着が湧いてくる。

補修作業が一段落した一九八五年五月十一日、山荘創立五十五周年と渡辺翁の功徳を祝う集いを、山荘のテント場で開いた。

愛用の黒革の登山靴で一歩一歩を確かめるように歩いてきた翁は、山荘の前に立ち止まり、なかなか山荘に入ってこられなかった。

「こんなにしていただいて、私が生き返ったような気がします」

翁の言葉をいただき、私も、道を開いて荷揚げをした苦労が消し飛ぶ思いだった。

こうして山荘が復興した愛鷹山は、登山道の再整備も進み、折からの中高年登山ブームも手伝って、登山者の数が伸びていった。

しかしそのいっぽうで、鋸岳周辺での滑落事故も増えている。ここの鎖場は六十年以上も前のままで、アンカーの腐食・摩滅が進んでいるのだ。長年、小屋番として私たちは、鋸岳の保守と刈り払いを続けていたが、この鋸岳の悪場には手が回らず、現在は中断されたままである。

愛鷹山は誕生してから七十二万年ともいわれ、風化が進んだ山である。そんなことを頭において、登山者の方々には、充分注意して登山を楽しんでほしい。そして愛鷹山荘でゆっくり休養して、小人数で、富士山展望山稜の愛鷹連峰を歩かれることを切に願っている。

*

冠松次郎翁は、遭難死した静岡商業の学生を悼み、「松永塚・冠松次郎」と書き残し、その書を渡辺翁が掛軸にした。二〇〇二年の十月には、愛鷹登山口の山神社前に、その書が碑となって建立された。大沢と松永沢の出合にも「松永塚」という標柱が立っているが、これは渡辺翁がこの遭難の七十周忌を忘れずに立てたものである。

冠翁没後三十八年（二〇〇八年当時）の今、ひとりの少年の死を、世紀を越えた心のやさしさで思い続けておられた偉大なふたりの翁に、私は思いを馳せている。

愛鷹山荘

富士山の南側に連なる愛鷹連峰の一角にある。裾野市立富士山資料館の名誉館長であった故・渡辺徳逸氏が個人で所有していた小屋だが、事前に連絡をすると一般の利用も可能。無人で収容人員は約6人と小さいが、小屋の周辺にはテント場や「銀明水」という水場もある（2020年現在、崩れた箇所があり修繕を予定している）。なお、加藤満さんはすでに引退し、渡邊宏行さんが小屋の管理を引き継いでいる。

立地＝黒岳近く富士見峠直下、標高約900メートル。愛鷹登山口から約1時間
収容人員＝6人
設立＝1930年

第二十三話　越後駒元年

米山孝志（駒の小屋）

越後駒《えちごこま》ヶ岳は、谷川《たにがわ》岳から北に続く山脈と、尾瀬《おぜ》から西に続く山脈の終わりに位置する。そのため、西から東までほとんどさえぎる山もなく、冬は日本海からの季節風をまともに受けとめてしまう。豪雪で刻まれ続ける山容は荒々しく、深い谷は万年雪で埋めつくされ、けわしい岩肌を稜線までつき上げている。近隣の山々も荒々しい岩壁で対峙し、冬の厳しさを物語っている。

そんな山容でありながら、わずかに山頂付近は穏やかなドーム状の地形となって、山頂から東に向かう尾根に小屋が建つ。小屋の裏は、秋まで残る雪渓と緑の草原の対比が美しく、水の心配のない絶好の小屋場となっている。小屋の前は深い谷に囲まれ、谷底から吹き上がる雪渓を渡る風と、山頂の雪渓からの風で年中涼しく、標高に比べて気温は低く思われる。

小屋近くでは、雪どけを追うように、尾根近くから沢に向かって次々と花が咲き、雪田近くでは、秋に、初雪が降るなかでコバイケイソウの花を見たり、植物と雪との闘いがドラマチックに繰り広げられ、飽きることがない。写真好きの私としてはつい気になってしまう。

豪雪地帯のため、四月末の小屋入りも、雪の状態によって、毎年違ったコースとなる。登山口まで雪道を歩き、深い雪の傾斜をひたすら登り、アイスバーンや吹雪で方向を見失ったり、急な雪渓に毎年苦労してしまう。

月に一度の荷揚げでも、早朝には凍った斜面でアイゼンをつけ、昼ごろにはくさった雪に足を取られ、疲労困憊の一日となる。そんなときでも、雪どけの進んだ登山道のかたわらに咲きはじめた小さな花や、残雪のなかに茂る樺《かんば》の緑に励まされ、小屋が近づくにつれ、自然と空気の味が雪の香りと混じり合い、元気が出てくる。

登山道の雪がほとんど消える七月初めごろから、山頂に白く輝く雪渓をめざし、暑いなかをどんどん登山者たちが登ってくる。小屋の近くは絶好の休み場となり、冷たい雪どけ水に歓声が上がる。

窓の少ない小屋は満員となり、狭く小さい小屋の中での自炊のため、窒息の心配まですることもあった。年々、小屋のテントを増やしていたが、狭い平地の広場は、食事の場所もなくなることさえあったのだ。

＊

雪のない季節が三カ月くらいしかない小屋の近くでは、年中霧が発生し、木造の小屋は数年前から外壁が崩れはじめ、土台や柱もぼろぼろに腐って、台風のときなどは飛ばされるのではと心配になっていた。山小屋の耐用年数は平地の半分くらいらしく、二〇〇一年の夏に建て替えが決まった。

今までの吹きぬけの小屋は天井が低く、棚状の床で二段になっていたため、頭をぶつけるし、煮炊きのたびに上は暑く、下は寒く、窓も少なかった。新しい小屋は、一階と二階を完全に仕切って、階段と天井は高くして、外壁も腐らないよう、工夫してもらった。いちばん問題となる「狭さ」については、県の係に何度も無理にお願いしたが、年間の登山者数によって面積が決まっており、夏の間しか多くの登山者が登らない山では、現状維持しかないと、県の人たちも困りきった思いであった。

工事の間際まで、少しでも使いやすい小屋になるよう話し合いが続き、いよいよ工事となった。まず解体となるが、あまりに頑丈な造りのため、チェーンソーで小屋を輪切りにしながら崩していく。ものすごい量の木材の残骸が山積みとなって増えていく。ふつうの雪国の家の二・五倍くらいの材料を使うと聞く。思い出の詰まった柱や板が次々と壊され、板が一枚もなくて広場のベンチを補修できなかったことなどを次々と思い出してしまう。

残材の荷下げと新材の荷揚げが同時にヘリコプターによって行なわれ、戦場のような喧騒が続く。降雪前の完成をめざし、夜になっても発電機がうなりを上げ、ロウソクやランプの生活とはかけ離れた山の生活である。私は古い小屋の戸板を集めて作った虫かごのような小屋に寝泊まりして工事を手伝う。ヘリが上空に来るたびに、私の小屋が飛ばされ、分解するのではと、本気で心配していた。

次々と職人は替わり、そのたびに、新しい小屋はりっぱになった姿を見せていく。雨や風にはばまれ、雲間をぬっての空輸。一丸となって自然に挑み、新しい小屋は完成した。あまりの心労からか、工事の親方が完成間近に体調を崩し、救急車で運ばれたと聞き、山小屋の建築がいかに大変なことかと思いを新たにした。

そして十一月からは無人となり、冬の眠りについた。豪雪のため、冬はほとんど小屋に近づけなくなる。

二〇〇二年の小屋入りで、真新しい小屋は半年ぶりの再開となった。暗い二階の冬季出入口から中に入り、窓を開けると、白木の真新しい床は、無残にも、黒い泥靴の足跡でいっぱいとなっていた。一同がっかりしてしまう。地元の人たちが力をつくして造り上げた小屋である。もっと人切に使ってほしいものだと、だれだかわからぬ登山者を思ってしまった。

＊

二〇〇二年は午年《うま》。そして、標高二〇〇二・七メートルの越後駒ヶ岳の年でもあります。新しい小屋で登山者が楽しく過ごせるよう、お待ちしています。

駒の小屋

越後駒ヶ岳の東側に建つ魚沼市管理の避難小屋だが、5月中旬から10月中旬まで、土・日・月曜のみ管理人が在駐する。2001年、全面改築され、シーズン終わりの10月に完成した。
立地＝越後駒ヶ岳東方肩、標高1890メートル。枝折峠から約5時間
収容人員＝40人　設立＝1950年

第二十四話　いこい山荘

永田昌夫（いこいの山岳会）

ここ、京都市北区西加茂西氷室町。スギやヒノキに周囲を囲まれ、ときおり聞こえる小鳥の鳴き声が、あたりの静けさをよけいに深める、標高約四〇〇メートルの「いこい山荘」。

一九九二年、翌年に控えた、わが「いこいの山岳会」創立三十周年記念事業の一環として、「会の山小屋をつくろう」というスローガンを掲げた。そして専任委員を設けて、近畿一円、適地を探しはじめた。

われわれの会は中高年の会なので、あまり不便な場所にすることはできない。なかなか思うような場所が見つからず、東西に奔走する専任委員に疲れとあせりが見えはじめたのは、一九九三年の初春のことであった。

そんな矢先、会員の堀那智子さんの紹介で、現在の場所を見つけた。京都北山、京見峠近くの山間に点在する数軒の民家、そのうちの一軒を借りることができたのだ。

京都の市街地から、数ある登山道のどれを選んでも一時間三十分、車では二十分の便利さに加えて、懐かしい五右衛門風呂、「へっついさん」（かまど）が、会員の心を引きつけた。

そして五月、盛大な開所式を現地で開催。会員の手による「いこい山荘音頭」の歌詞も発表された。めずらしさも手伝ってか、後日、ある新聞社の取材もあり、いこい山荘は順調に滑り出した。

夢にまで描いていた自分たちの山荘が、諸先輩のなみなみならぬ努力のおかげで、ついに実現したのである。

古い民家ゆえ、屋根、床、水場、浴場と、訪れるたびに忙しく修理をした。都会の文化生活に慣れきっていた私たちには、それはかえって貴重な経験となり、現在でも、そのときに得たものは脈々と生かされ続けている。

当時は家財道具や日用品にも事欠いた。しかし、会員からの多くの寄贈・寄付が集まって、徐々に、山荘運営への態勢が整っていった。

当初、山荘周辺の登山道も限られていたが、少しずつ開拓され、十数本にも数えられるようになった。すべて市内から一、二時間のコースではあるが、なかには、谷あり、ヤブこぎありの、変化に富んだ場所もある。

しかし、なんといっても中高年、会員のなかには、気軽に訪問できれば……という声もあった。行きはタクシー利用で現地入りができても、帰りは麓のバス停まで歩かねばならず、その一時間三十分ほどの道程は、決して楽なものではなかった。山行ならともかく、週末に気軽に訪れるには、やや重荷に感じる距離だったのである。

それでも歩くほかに手はなく、やむなく山荘利用者はいつも、全員徒歩で帰途についていた。しかしそれもつかの間、ある会員の協力を得て、山荘に電話が設置でき、タクシーが迎えにくるようになってからは、不便は一挙に解決した。乗るもよし、歩くもよし、いこい山荘はそのときに応じて、いずれにも対応できる条件が整ったのである。

山荘近くの京見峠からは、文字どおり、京の街が一望できる。とくに大文字の送り火は手に取るよう。峠近くの京見峠茶屋は創業が享保年間、約二百五十年前という。そのほかにも、平安の昔、朝廷へ氷を献上した氷室の集落をはじめ、杉坂には、小野道風ゆかりの道風神社、赤い欄干、ゆるやかな石段、紅葉の巨木もある。そして氷室の南には、明智光秀が築いたといわれる城跡が残る城山。山荘の周囲には、数々の見所が点在している。

*

あれから月日が経過した。その間、会員の顔ぶれも若干変わった。病気や家庭の事情でやむなく去っていった人、浮世に未練を残しつつ、天国に旅立った人たちも幾人か……。

山荘の維持も決して楽ではなかった。若干の紆余曲折も経験した。しかし、運営委員や、熱心な山荘愛好者の協力によって、「いこい山荘」は今なお、たくましく息吹いている。

運営は「維持会員」が出資している維持費に加え、そのほかの一般会員が利用するときに徴収する使用料、そして寄付でまかなってきた。

山荘では、家屋の修繕、薪集め、畑の開墾、風呂炊き、草刈り、それにまかないと、会員はせっせと精を出している。すべて強要されてやっているのではない。ある会員が提供した材木と丸太で作ったテーブルを囲んで、談笑している人もいる。すなわち、最低限度の秩序をわきまえてさえいれば、音楽鑑賞、昼寝、散策と、なにをするにもおかまいなし。それがいこい山荘なのである。

開設当時は、運営委員も、なにぶん初めてのことなので若干肩をいからし、口やかましい面もあったかもしれないが、それも山荘を愛するゆえで、決して他意はなかった。今ではみな、角がとれてなごやかになった。まさに、憩いの場所になったのである。

春には山菜摘みに時を忘れ、夏は、わずかながら蛍が飛び交うなか、納涼の夕べや大文字の送り火見物。秋は、月見山行と京見峠の真っ赤な紅葉鑑賞。そして冬、餅つき大会、雪見の宴、雪の感触を楽しみながらの十三石《じゅうさんごく》登山……。

春夏秋冬、今もなお、維持会員によって運営されている山荘は、みなの訪れる日を心待ちにしている。

九十代を筆頭に、かつては、日本の山はもとより、はるかスイスまでも遠征したつわものたちも、静かな休息の日を求めてやってくる。いこい山荘は、会員やその家族、知人たちにとって、「いこいの地」であり続けている。

いこい山荘

関西の中高年限定の山のグループ、「いこいの山岳会」が管理するプライベートな山荘だったが、2020年現在ではいこいの山岳会は管理していない。現地は、京都市中心部から北に約10キロの山間の小集落。

立地＝京都市北区西加茂西氷室町、標高約400メートル

収容人員＝15人　設立＝1993年

第二十五話　山で暮らすということ

長沢 洋（ロッジ山旅）

山を想うようになったのは、高校生のときだった。本だけを山の教師に、ひとりで名古屋近郊の低い山をほっつき歩いた。憧れの中部山岳は遥か遠い空の彼方だった。山に行けば、人も自然も、無垢で純粋で雄大で繊細で、行く手はあくまでも明るく開け、自由を阻害するものなどなにひとつないはずだった。そんな十代の山は多分に現実逃避だったと思う。

ただただ山への憧れのみで山梨県の学校へ進んだ。初めてのひとり暮らし。いつでも山へ行ける環境が整ったというのに、突然目の前に現われた一見自由に似たものにころりと参った。せっかく入った山のクラブも早々に辞め、怠惰で放蕩な生活に陥るには時間はかからなかった。

六年かかってなんとか卒業にこぎつけたものの、就職で頓挫する。教員養成の学校だったが、その柄にあらずと、そのとき人気の職種の会社を適当に片っ端から受けてみたものの、全滅。社会をなめているような輩《やから》を採ってくれるようなところはなかった。

結局、標高一三〇〇メートルの山中にある、富士の絶景を望む峠の茶店に、学生時代のアルバイトの延長のようなかたちで転がり込んだ。山暮らしに人間の生活の美しい部分が多くあるという、十代のままの甘い考えがまだあった。本来、自分の心の持ちようで決まることを周りの環境に頼ろうとしたのである。

だが、どんなに美しい風景のなかに職場があろうが、仕事や人間関係にまつわる雑多な悩みは必ずついてまわる。むしろ、自然の美しさとの対比によって、自分を含めた人間の醜さがさらに際立ったりする。生きていくことはきれいごとではない。

しかしまた、人はパンのみにて生きるものでもない。心の平穏を保つにはリフレッシュが必要だった。

ところがそのリフレッシュが、八年ぶりに山登りを再開することだったのだから、よくよく僕は山から離れられないらしい。

そのきっかけとなったのが、職場の縁でお知り合いになった山村正光さんの『車窓の山旅 中央線から見える山』（実業之日本社）を読んだことだった。これが、それまでほとんど顧みることのなかった身近な甲斐の山々への開眼と、今に至る巡礼の始まりだった。

山のなかにある職場といっても、車道が通じ、通勤ができたから、休日の山歩きには都合がよかった。同じ山の職場でも、一定期間身動きできない山小屋で働くのとはそこがおおいに異なる。

晴れた休日には夫婦で山へ出かけた。日帰りばかりだったが、地の利を生かして県内ならほとんど行けぬ山はなかった。山遊びの疲れは仕事をじゃまずることは決してなく、毎日の生活に張りを与えた。仕事も遊びも山のなか。山がますます自分から抜き差しならなくなっていった。

山にのめり込んだ多くの人が、山に関連した仕事ができないかと思い、なかには実現させる人もいる。傍《はた》から見れば、僕は山で仕事をしているのだし、すでにそんな生活を実践しているようにも見えただろうが、車で来る観光客相手がほとんどの茶店では、自分の思うようなかたちで山が好きな人たちがくつろげる場所を提供したいという思いは満たされなかったし、そもそも、雇われの身では自分の好みは通らない。

人の喜びを自分の喜びとするのがサービス業の基本であるが、できるなら、その喜びも山が好きな人たちとともにあればいいと思った。だが、すでに新たな山小屋を建てる時代でもないし、自分にそんな生活ができないことはわかりきっている。どこかの山麓で山歩きのベースとなるような宿はできないだろうか……。その考えは漠然と頭の隅に置かれたまま、いたずらに年月は過ぎていった。

そんな漠然とした思いを具体的な行動に移したのは、娘が生まれたころ。すでに茶店で十五年働き、さまざまな澱《おり》もたまりにたまって、そろそろもうここには居られないと思いはじめたころでもあった。いっしょに働いていた妻も僕の考えに異存がなかったので、この手の転職につきまとう家庭内のわずらわしさはなかった。

まずは建物をなんとかしなければならなかった。すでにペンションブームは去って久しく、とくにブームの発祥地でもあった八ヶ岳南麓には売物件が多くあると考えた。日本を代表するような山々に囲まれ、山登りのベースとするには申し分ない。そして、たしかに物件はあった。

くだくだしい経緯は略すが、都会なら中古の家さえ買えない値段で売っている物件すら、資金のない僕には買えなかったし、ブームの終わった商売に金を出す銀行もなかった。残る手段は賃貸しかなかったが、それはどこにでも転がってはいなかった。なかば諦めかけていたところに、ほとんど偶然といっていいくらいのきっかけで、今営業している建物を借りることができた。幸運というしかない。

僕に山登りを再開させた山村正光さんの本や、同じ出版社のいわゆる「山旅」シリーズから名前をいただいて、二〇〇〇年の夏、「ロッジ山旅」は開業した。銀行が金を貸さないわけは半年もしないうちに身にしみてわかった。

それでも、なんという幸運だろう、山村さんはもちろん、横山厚夫さんをはじめとする、「山旅」シリーズに名を連ねる著者の方々や、本に登場する山仲間の方々が次々と訪れてくれるようになったのである。その本で育った僕に同じ志向があるのを、快く感じてもらえたからだろうか。山と本の功徳というほかない。それだけでも、こんな宿を始めてよかったと思える。苦しい経営でも、明るい気分でいられる。

山好きに利用してもらいたいと始めた宿は、結局、その人たちに助けられっぱなしである。僕はそれを徳とせねばならない。

美しい場所にはおのずと美しい時が流れるはずだと単純に信じた十代のころの自分を、今は自嘲して半分は嗤《わら》う。そして、あとの半分は、やっぱりそうに違いないのだと得心するのである。

ロッジ山旅

八ヶ岳南麓大泉高原に、登山のベースに利用できる宿として創業された。いわゆる山小屋というよりペンションふうの宿。オーナーの長沢洋さんは、御坂山塊の天下茶屋に長年勤め、甲斐の山に詳しく、新分県登山ガイド『山梨県の山』（山と溪谷社）の著者でもある。周辺の山案内なども行なっている。

http://yamatabi.info/

立地＝JR小海線甲斐大泉駅から徒歩15分、標高約1100メートル

収容人員＝16人

設立＝2000年

第二十六話　山の今昔

伊藤玉男（銅山峰ヒュッテ）

四国の霊峰・石鎚《いしづち》山の東方、瀬戸内海に面して法皇《ほうおう》山脈という小さな山並みがある。その西半分には、一五〇〇から一七〇〇メートルのピークを有する岩峰が数座連なっている。東西十五キロほどの範囲、それを地元では赤石山系と呼んでいる。

標高は低いが海岸線から一挙に峙《そばだ》っているので、自然現象は特異なものがある。主峰の東赤石（山）は一七〇〇メートルをわずかに超える高さしかないが、全山、カンラン岩という、マグマが変化した岩石からなっていて、それが風化して全体が赤褐色を帯びている。そこにいわゆる蛇紋岩植物が多数自生している。岩手県早池峰《はやちね》山の四国版といえば想像がつくだろう。赤石が関西における高山植物の宝庫といわれるゆえんである。

その東赤石を盟主とするならば、東に連なる峨蔵《がぞう》山塊は積木細工のように岩塊を積み重ねた岩山で、何者をも寄せつけない荒武者に似ている。そこには西から東へ権現山、二本石、黒岳、エビラ、岩鏡岳、二ツ岳などのピークが鋸の刃のように連なっていて、登山者の立ち入りを容易には許してはくれない。そんなけわしい山域である。

いっぽう、東赤石から西へ、八巻山、前赤石、物住ノ頭とピークをたどると、その先に堂々とかまえている岩峰が西赤石（一六二六メートル）である。東赤石と峨蔵山の二ツ岳、それに西赤石を加えて俗に赤石三山と呼ぶように、西赤石は赤石山系の西の要といった位置にある。この山の特徴はなんといっても北面の急崖にある。

私は西赤石を「一年に二度燃える山」と呼んでいる。黒々とした急崖にかかるツツジ類の大群落があるためで、ことに四月下旬から五月中旬にかけて、あの斜面の基部から山頂へ向けて咲き上るアケボノツツジのあでやかな景観はみごとなものだ。そして十月、このツツジ類が紅葉すると、再び山はまばゆいばかりに深紅に燃えるのである。

西赤石からさらに西に向けて尾根筋をたどると、銅山越（一二九四メートル）という峠に出る。そこには背丈以上もある石囲いのなかに四体の石仏が祀られている。古いものは江戸時代中期のものだ。三百年もの昔から人の行き交いを見守った地蔵さんである。

銅山越から、この山域にしてはめずらしくゆったりとした小石混じりの稜線を行くと、やがて西山（一四二九メートル）に達するが、なんとこの間は一本一草とてない砂礫地だ。とはいっても、よく見れば一面の裸地にしがみつくようにしてツガザクラやコメツツジが階段状に群落をなして生育している。ともに高山に自生する植物で、ことにこの標高でツガザクラが自生するのはたいへんめずらしい。本来は中部山岳のような高山帯に分布しているのに、南国四国の低山に自生し、繁殖しているという事実は、きわめて特異な現象だ。それゆえに愛媛県ではこれを天然記念物に指定し、なおかつ、自然環境保全地域という法の網をかぶせて保護にあたっているのである。

＊

私が銅山越の直下二〇〇メートル、海抜一一〇〇メートルの角石原に山小屋を開いたのは一九六三年、昭和三十八年であったが、そのころはまだ赤石のことはなにもわかっていなかった。赤石山系という呼称もそのころにつけられたものだから、赤石の知名度はゼロといってもよかった。

小屋を開いた昭和三十年代は、まだ登山の主流は若者たちであった。この傾向は四十年代になってもまだ続いていた。本来山小屋は山岳信仰と深くかかわっていて、山開けの夏場以外は営業はしなかった。それが、近代登山の流行とともに、修験とは無関係な山も登山者が注目するようになって、四国の山でも営業小屋が開業されるようになった。私の小屋、銅山峰ヒュッテも、そうした気運のなかで開設したのである。

当時、名もない山ながら小屋を開いたことは小さなニュースになり、新聞にも載った。ものめずらしさも手伝って、三々五々若い登山者が訪れてきた。まだ打算よりも意気に感じる気風が残っていた時代だから、若い人たちにはずいぶんと助けられた。それに私の小屋には一風変わった制度があって、地元の高校登山部と契約して生徒たちの面倒を見るかわり、小屋番と称して彼らが小屋の運営に奉仕する仕組みができていた。そんなこともあって、四、五年後には、自称小屋番の若者が増えていった。

本来山小屋は、登山者に利用していただいて運営する仕組みになっているのに、お客さんより身内のものが多いことがしばしばあった。しかし、それはそれでなんとかなるもので、それよりも、彼らの協力で登山道の整備をはじめ、案内板の設置、植物ラベルの取り付け、あるいはパンフレットの製作まで、予想以上に仕事がはかどった。それが話題となって、新聞や雑誌に取り上げられ、赤石山系と銅山峰ヒュッテの名が知られるようになり、深田久弥の日本百名山以後は、名山ブームの波にのって、中高年の注目する山になったのである。

かつて「つねに静かなる名山」を自負した赤石の山に登山者が集中して騒がしくなる。が、山小屋にとってはたいへんありがたいことだ。山小屋の主《あるじ》たるものは、登山者に充分休息してもらい、元気で出立してもらう配慮を怠ってはならない。と同時に、私は山の番人でもあるから、自分のテリトリーから遭難者を出すようなことがあってはならない。楽しく小屋を利用してもらい、安全な山旅を続けてもらうためには、山のモラルのイロハを認識していただかねばならないのである。そのために、ときに登山者に厳しく接することもある。どう考えても無理な山行だと判断すれば、気の毒だが私は変更を求める。

*

ヒュッテはかつて栄えた別子銅山の一角にある。百十年も昔に日本最初の山岳鉄道が走っていた駅舎の跡に小屋を建てた。そんな所なのに、庭には高山植物のアカモノが一面に自生している。小屋の裏にはヒカゲツツジが群生し、黄一色に斜面を彩る。眼下には新居浜の市街が広がり、残念ながら深山幽谷の観はないが、別天地であることには変わりはない。

やがて百花繚乱のシーズン。ツアーを含めた登山者が殺到するはずだ。そろそろ登山道の点検整備や荷揚げもせねばなるまい。それよりも頭の痛いのは、山守の仕事だ。自然環境がどうのこうのというのではない。道端のあのタチツボスミレは大丈夫だろうか……昔はそんな心配はなかったのだが。

銅山峰ヒュッテ

四国随一といわれるアケボノツツジの群落で知られる愛媛県の西赤石山山腹に立地し、花期となる4月から5月にかけては、四国外からも多くの登山者が訪れる。付近には別子銅山の遺跡が多く、銅山遺跡の見物客も多く訪れている。なお、執筆者の伊藤玉男さんは逝去され、現在は伊藤峰夫さんが跡を継いでいる。

立地＝西赤石山銅山越北直下、標高１１００メートル。鹿森ダムから約2時間30分
収容人員＝30人
設立＝１９６３年

第二十七話　うつぎと五十年

堺澤清人（空木駒峰ヒュッテ）

毎年、東京の上野松坂屋で開催される夏山相談に、中央アルプスを代表して参加させていただいているが、空木岳を「うつぎ」と読める人は半分ぐらいである。「そらき」「からき」、なかには「くうき」と呼ぶ人もいる。

この空木岳に初めて私が登ったのは、一九五三年、高校二年生のとき。山岳部の合宿でボッカ訓練と称し、空木平の石室修理用の波トタンを新人ということで背負わされてシゴキに遭い、夢遊病者のようにふらふらになった。やっとの思いで空木平に着き、塩水を飲まされたことが、私と空木岳とのかかわりのきっかけとなった。

第一次登山ブームといわれる一九五〇年代の中央アルプスでは、木曽駒《きそこま》ヶ岳周辺には有人小屋や営業小屋が数軒あったが、宝剣《ほうけん》岳を過ぎて南に出れば、赤穂山岳会が一九一六年に空木平に避難小屋として建設した石室しかなかった。

一九五四年ごろは猫も杓子も山登りをし、木曽駒ヶ岳の古くからの登山道、前岳尾根には夜間登山者のライトが列をなした。それに伴い空木岳への縦走者も増えたが、縦走路には避難小屋や水場がなく、悪天候時や秋季に遭難死亡事故も多くなった。これらの多くが空木岳周辺で起こり、適切なアドバイスや指導ができる山小屋があれば死なずにすんだ事故も多々あった。

このような背景のなかで、私たち地元の山岳会は、空木岳に有人小屋が必要であることを痛感した。一九五七年、当時信州大学に移管されていた石室を借用し、破れていた屋根を葺き直し、土間に床を張り、枯れ木を集めて囲炉裏で煮炊きできるようにして、登山者の世話を山岳会の会員とその仲間が交代で行ない、遭難防止や高山植物の保護に努めることになった。これらの費用については、宿泊した登山者から一泊百円の負担をお願いしていたが、とても運営をまかなえるほどではなく、それぞれ会員が負担していた。

しかし、この石室は稜線から離れており、霧のなかでは発見が困難で、その手前でビバークする登山者もあり、南に行く場合には登り返さなくてはならない不便さもあった。さらに、冬季にも使用できる小屋の必要性が叫ばれた。

一九六三年一月の大学生の遭難事故を契機に、冬季でも使用できて、稜線に近い位置に避難小屋の建設を行なうべく、各方面に働きかけたが、信州大学の演習林ということもあり、認可が下りなかった。そこで演習林との境にある太田切側の国有林を借り受ける申請をしたが、許可が下りるまでに三年かかった。

山小屋の建設地としては通常では考えられない崖を切り取り、毎週土曜日の夕方、菅ノ台のバス停からボッカ訓練と称して夜中に池山小屋まで荷揚げし、翌日空木平の避難小屋まで荷揚げを行なった。しかし基礎に使うブロック石三個で六十キロもあり、現地になかなか届かなかった。これらの資材は会員が買ったがとても足らず、私の家の古材や自宅を建てたときの余り材を提供し、大工をしていた会員と私が建設作業のほとんどを負担した。完成したのは一九六九年、着工手続きから七年の歳月が経っていた。

こうして建てた小屋も三十年の歳月が経ち、稜線の厳しい気象条件にさらされて倒壊寸前となった。第二次登山ブームとともに交通手段や登山形態も変わり、山小屋は寝具・食事つきが当然という認識の登山者が多くなり、このままでは安全で楽しい登山の手助けに支障をきたすため、改築の必要に迫られるようになった。

一九九七年、長野県に小屋改築の申請を行ない、翌年の六月から基礎工事に入るとともに、空木避難小屋を支援してくれた多くの仲間に一口三万円の出資をお願いし、会員には十万円を一口として募金をお願いした。また、地元の山岳会として、駒ヶ根市にも補助金を交付していただいた。それでも資金は足りないため、建設業者や専門業者には頼らず、前回と同じように、基礎、大工、内装、給水設備、塗装、ソーラー設備などすべてを会員とその仲間で行なった。ただ、荷揚げだけはヘリコプターを使用した。

今度の小屋は親柱に自然木を使用している。これも私の山から伐採・搬出・皮むきを行なった。内側は天然木のヒノキの床、壁は同じく天然木の杉板を使用した。ログハウス調の二階建ての避難小屋は一九九八年の夏に完成した。

トイレは地下浸透式で許可をいただき便器まで取り付けたが、処理水とはいえ、たれ流しでは高山植物や環境に負荷を与えることは目に見えている。納得がいかず、なにかよい案はないかと模索していた。そんな折、東京のトイレシンポジウムで知った携帯便袋を採用することにした。はたして登山者に受け入れられるかどうか心配したが、においもなく清潔で、たいへん好評となった。使用済みの便袋はヘリコプターで降ろし、可燃物処理場で焼却した。

しかし、まったく問題がないわけではなかった。中高年登山者が増えるなか、トイレに行く回数が多く、その都度便袋が必要で出費がかさむため、夜間に小屋周辺のハイマツ帯に排尿したり、一袋に数回行なうなど、高山植物への影響や清潔さに問題が生じた。さらに、空木岳登山者の九割以上は池山尾根への下山通過者で、これらの登山者は、便袋トイレがあることを知ると、購入せずに植物帯で行なってしまう。それに、便袋の焼却時に発生する二酸化炭素は地球の温暖化につながるうえ、山の上の廃棄物を下界に持ってきて処理することにも私は納得がいかなかった。

これらの問題を解決しなければ本当に環境に負荷をかけない山小屋とはいえないとの思いから、なんとかしようと検討した。その結果、リンフォース工業という会社の協力を得て、専門技術者を必要とせず、自分たちで施工でき、あとの管理もいらない、処理水を循環利用できる自己完結型土壌浄化方式のトイレを二〇〇二年十一月に完成させ、地球にやさしい避難小屋をめざしている。

空木駒峰ヒュッテを支援・管理してくださる人々は、つねに登山者としての視線で小屋の管理にあたり、明日への山行の糧になることを念頭に管理にあたっている。

私も五十年ほど、空木岳とつき合っていることになる。一登山者として理想的な避難小屋はどうあるべきかと、つねに模索し、そのことを多くの登山愛好家とともに分かち合い、共有することに喜びと意義を感じるのである。

空木駒峰ヒュッテ

中央アルプス・空木岳の地元、長野県駒ヶ根市の駒峰山岳会が所有する山小屋。山岳会で所有する小屋の多くがプライベートに利用されているのに対し、ここは宿泊営業小屋として一般に開放されている。環境に配慮した管理を行なっており、し尿を山上に残さない便袋方式のトイレを全国で初めて導入したことでも知られる。なお2020年現在、堺澤清人さんは引退し、ヒュッテの管理は駒峰山岳会の会員、主に井口初江さんが引き継いでいる。

立地＝空木岳頂上東側直下、標高2820メートル。駒が池バス停から徒歩7時間

設立＝1969年

第二十八話　山小屋を建て替える

新井信太郎（雲取山荘）

東京砂漠という言葉が一時はやりましたが、砂漠といわれるのは都心の一部のことであって、山の上では考えのつかない言葉です。雲取《くもとり》山から眺める都心は、山また山の向こうに広がるほんのひと握りの街なのですから。

多くの東京都民は雲取山を知らず、東京都には二〇〇〇メートルを超す山などないと思いこまれています。

しかし雲取山は標高二〇一七メートル。それだけではなく、東京都は日本一大木の数が多い都道府県なのです。高さ一・三メートルの所で幹の周り三メートルの大木が四千数百本。日原谷だけでも、一千本もあるのです。この話を登山者や町の人に聞かせると、百人中百人が東北の山だろうと言われます。さらにいえば、雲取山から流れる水のすべてが都民の飲み水となっているのです。

＊

そんな雲取山頂から約七百メートル北に向かって下りたやせ尾根の上に雲取山荘（一八五〇メートル）があります。建物の表側は東京都に面していて、裏側は埼玉県に面して埼玉森林管理事務所が管理する国有林になっています。

小屋で使う水は、四月中旬から十一月中旬までの約六カ月間は、日原谷の上流から約一キロのビニールホースで引いています。十一月から翌年の四月下旬まで冬季の六カ月は、昔から使っている埼玉県側の水源から同じようにビニールホースで引いているのですが、わずか五十メートルの距離でも、十二月になると気温が氷点下十から十五度に下がってしまうので、ホースの中が凍ってしまい、流れなくなってしまうのです。

今も、冬の間の飲み水がいちばんの問題です。大量の電気を引いてこられれば、日原谷からポンプで汲み上げることができるので解決するのですが、発電機の力では、水を山小屋まで汲み上げることができないのです。飲み水の問題は、今も昔のまま、五十年も七十年も前と変わらないのです。

このように、小さい尾根上に建つ小屋は、冬の間の飲み水に苦労しています。春から夏の間は充分に使えるだけの水が確保できるのに、秋から冬の半年は、飲み水を心配する毎日です。こういう苦労を知るよしもない登山者は、どんなに寒くても、雪があろうとも、夏山と同じように自由に水が使えるものと思っています。

自然に湧き出る水の量は人間の力ではどうにもなりません。通年営業の山小屋では、このことが解決しないと、どんなに小屋の設備を整えても充分ではありません。

一九二八年に建てられた雲取山荘は、一九四五年に一度建て替えをしました。その後ずっと使用してきたのですが、中高年の登山者が多くなった現代では、登山者の要望に対処しきれなくなりました。そこで思い切って小屋を建て替える決心をしました。

そのきっかけになったのが、一九九五年に東京都が山荘の前に公衆水洗トイレを作ってくれたことです。このトイレはふたつの処理装置から構成されています。汚水は最初に前処理装置に流し、そこで沈殿分離されて、上積みの汚水はさらに土壌処理装置に流れ込み、土壌微生物による浄化、植物吸収などによって処理されます。また、土壌処理装置はシートで囲われているため、汚水が流れ出さないようになっています。

このとき、山荘に水洗トイレがなかったら、トイレと山小屋の両方を建て替えるとなると、銀行からの融資を受けられなかったかもしれません。自己資金では山小屋の建て替えはできないのです。

建て替えにあたっては、環境省、埼玉県と東京都、それに埼玉森林管理事務所、水源林事務所などに書類を提出しなくてはなりませんでした。現状維持ということで、許可をもらうことができましたが、大変なことでした。

一九九九年五月、連休が終わったあと、すぐに工事が始まりました。分解された七台の重機は、ヘリコプターで山小屋まで上げてから、新たに組み立てて使用しました。重機の力はすさまじいもので、山を削り、平らにして基礎を打ち、あっという間に工事が進みました。その間、工事関係者は休むこともなく、朝六時から日が暮れるまでの長い時間働きました。

山小屋の組み立てが始まってからは、ヘリコプターの活躍は目を見張るばかりでした。そのおかげで九月下旬には屋根もできて、山小屋らしい格好になりました。その間にも、内装、布団、食器に発電機と整えていきました。

そうして十月一日、完成祝いにこぎつけることができました。当日は曇りだったので、せっかくチャーターしておいた二機のヘリコプターは飛ぶことはできませんでしたが、翌日は晴天でしたので、皆さんをヘリコプターで送り迎えすることができました。

＊

五月から十一月までの六カ月間は東京都が作った水洗トイレが使えますが、十二月から四月までは凍結してトイレが使えません。せっかく山小屋を建て替えても、トイレが昔のままでは、新しい小屋のよさが半減してしまいます。

そこで、氷点下二十度でも凍結しないで使用できるトイレを探していたところ、

「ダブルクリーン」というトイレを見つけました。早速契約をすませましたが、かなりの電力を使うのが難点でした。

二〇〇二年、この年はいつになく寒く、十月下旬から新しいトイレを使用することになりました。十一月から十二月の二カ月間はまだ手探り状態でしたので、三度もパイプやポンプが凍結してしまい、その都度、ヘリコプターで業者の人たちに登ってきてもらいました。

年が明けた一月からは凍結もなく、四月まで無事に使用できました。二年目以降、故障のないことを願うだけです。

雲取山荘
東京都最高峰の雲取山登山の拠点として古くから親しまれている山小屋。通年営業のため、冬でも利用できる小屋として、登山者にとっては心強い存在となっている。主人の新井信太郎さんは『雲取山よもやま話』（さきたま出版会）などの著書でも知られ、奥秩父の顔的存在。
立地＝雲取山北方700メートル、標高1850メートル。鴨沢から約5時間、三峰神社から約4時間30分
収容人員＝200人
設立＝1928年

第三章　山小屋に入り、山を見つめる

第二十九話　「新米管理人」、二年目の夏へ

清水ゆかり（朝日小屋）

小学三年生のとき、山好きだった父に連れられて、初めて朝日《あさひ》岳の山開き登山会に参加した。当時、小学生が朝日岳に登るのはめずらしく、周囲の大人たちから「エライね、強いね」とほめられ、かわいがられるのがうれしくて、きつい山道を弱音も吐かずに毎年登った。

私が高校生になった一九七三年夏、父が朝日小屋の管理人を引き受けた。以来、高校、大学時代の七年間は夏休みの間中、小屋の仕事を手伝う。小屋の仕事が楽しかったというよりも、同世代のアルバイトのみんなとの出会いがなによりの財産だった。

結婚し、四人の娘に恵まれても、変わらず朝日小屋に通った。嫁いだ身で、しかも大家族の母であり、主婦であり、職業をもっていれば、なかなか自由にはいけなかったが、それでも、夫が下の娘を背負い、上の子どもたちを歩かせては、北又から恵振山の急登を「じいちゃんのいる山小屋」に向かって通い続けた。

私にとっての朝日岳と朝日小屋は、いつも「そこに、あって当たり前」の存在だっ

た。小屋から見える雪倉《ゆきくら》岳や白馬岳の山並み、広大な黒部川扇状地、遠く能登半島の先端まで見渡せる日本海とそこに沈む夕日、薄紅に染まる雲海、そしてポツンポツンと輝くように光を放つ漁り火……。どれもこれも小さいころから見慣れた風景。そして小屋に行けば、「おうっ、来たか」と迎えてくれる父がいる、いつも変わらぬわが家同然の「居場所」だった。でも今思えば、ある意味での「特別の場所」だったのかもしれない。

その朝日岳を守り、二十八年間にわたって「朝日小屋の管理人」であり続けた父が、二〇〇〇年六月、シーズンの小屋開けの日に他界。ヘリコプターでの荷揚げが無事に終わったことを確認し安堵して、朝日岳よりもっともっと高い場所へと上っていくように……。父とふたりきりの最期の病室で聞いた、「うーっ、うーっ」という声にならない声が、「ゆかり頼んだぞ、朝日小屋を頼んだぞ」と言っていたように思えて今も忘れられない。

その直後、管理人を引き継ぐかどうかの決断を迫られた。家族の生活は、自分の仕事はどうするのか、そしてなにより女性である自分は、登山道の整備や遭難救助活動をどうするのか。中途半端な決意ではできないということをいやというほど知っているだけに、夜も眠れないくらい悩んだ。そして、「自分ひとりでやるんじゃない、たくさんの人たちに支えられて初めて成り立つ仕事だ」と気づいた末に出した結論は、「私が継ぐ、私が継いでいきたい」という答えだった。

こうして私の「新米管理人」の一年目が始まった。

しかし、若いころに父の仕事を見てきたとはいえ、自分ですべての準備をし、すべての最終責任が自分にあるという立場はもちろん初めてで、すでに準備段階から、水は、電気は、遭難事故等緊急事態への対処は、お客様への時々の対応は……。否が応にも肩に力が入っていた毎日は精神的にもきつく、いつも自分自身を奮い立たせる必要があった。

それでも、私自身どんな山小屋をめざしたいのか、自分なりに考えていくつかの挑戦をした。登山者の皆さんが疲れて山小屋にたどり着いたときに、どんなおもてなしがいちばん喜ばれるのか、いろいろ試行錯誤をしてみた。

小さな朝日小屋では、喫茶室もテラスもそのスペースを確保することができないが、それでも食堂の一角をくつろげるコーナーにして、ゆったりとした雰囲気を出すことができた。セルフサービスの百円コーヒーや紅茶も置いてみた。

ワインなどほんのひと口の「食前酒」をサービスすることにし、お好きなものを選んでいただいた。これは私からの「今日の疲れをゆっくり癒して、明日無事に下山してください」というささやかな気持ちだったが、お客様にはたいへん好評だった。

またホームページを立ち上げて、情報発信に努めた。忙しい夏の間も、デジカメで小屋の周りの高山植物や夕焼けのようすなどを写真に撮り、毎日のように「日記」に載せた。山を下りてからも書き続けた「管理人日記」は、二〇〇一年三月の立ち上げからのアクセス数が一年経って五万件近くになった。

小屋開けと「山開き登山会」、そして「海の日」から約一カ月間の夏山シーズン繁忙期を乗りきって、静かな山がもどってきた秋のころ、二十年ぶりに蓮華《れんげ》温泉～白馬岳～朝日小屋を縦走した。三国境からはるか遠くにポツンと朝日小屋が見えたとき、こみ上げる恋しさといとおしさを覚えてとても不思議な気持ちだった。

おかげさまで心配したほどの大きな事故やトラブルもなく、アルバイトのみんなのチームワークをはじめ、たくさんの皆さんに支えられ、助けていただいて四カ月間のシーズンを無事に終え、十月中旬には小屋を閉めて下山することができた。

がむしゃらに、そして夢中で過ごした「新米管理人」の一年目。不安だらけで眠れない日もあった。「父だったらこうしていた。父だったらこうできたはず」、だれも比較していないのにそんなことを自分で思っては、あせりを覚えたときもあった。それでも登山者の皆さんに喜んでいただいたときには、「私が継いでよかった」と心の底から思えた初めてのシーズンだった。

山を下りてきてからも、なにかに憑かれたように山を歩いた。雪が降りはじめるまでのわずかな期間に朝日岳の麓を訪ねたり、薬師《やくし》岳へもひとりで登った。下《しも》ノ廊下《ろうか》も歩いた。朝日岳から日本海へと続く山々の連なりを自分の足で確かめたくて、中俣新道も栂海《つがみ》新道も挑戦した。

笑われるかもしれないが、私にとっての「山」はずっと「朝日岳」だった。よくもわるくも朝日岳しか知らなかった。もっといえば、いったい朝日岳のどれほどを知っているのだろう。それが朝日岳に連なるほかの山々を歩くうちに、私にとってそれまで「点」でしかなかった朝日岳は「線」でつながり、やがて「面」となって広がりをもって私のなかで認識できるようになっていった。「北アルプスの最北端」朝日岳の朝日小屋の管理人としてのはっきりとした自覚と自負が、私のなかで少しずつ芽生えはじめた瞬間かもしれない。

父が大切にしてきたもの、父が遺してくれたもの、それは人と人とのつながりであり、登山者の皆さんに愛される朝日小屋だ。それを大切に守りながら、私はこれからも「前を向いて」歩いていく決心をした。小さな山小屋では、できることも限られている。それでも自分らしく、いつも懐深く、そして「笑顔で、心からのおもてなし」

を忘れずに私なりの朝日小屋をめざしてがんばりたい。
「新米管理人」から二年目の夏へ、準備はもう始まっている。

朝日小屋
高山植物のメッカとして知られる北アルプス・朝日岳の西に建つ。名物主人であった下澤三郎さんが2000年に亡くなり、娘の清水ゆかりさんが運営を継いだ。ホームページも好評。www.asahigoya.net/index.html
立地＝朝日岳西方朝日平、標高2150メートル。北又から約7時間、蓮華温泉から約8時間、白馬岳から約7時間
収容人員＝150人　設立＝1931年

第三十話　小屋番を楽しむ

佐伯直樹（大日平山荘）

私が山小屋を継いだのは、二十七歳のとき。母親が他界したときの顔を見て大日《だいにち》平《だいら》山荘を継ごうと決めました。母親の死に顔が、私には、すごく満足しているように感じられたのです。それまでは仕方なしに山に入っていましたが、こんないい顔で死ねるなら、残りの人生を大日平山荘とともに生きようと決めたのです（その前に父親も亡くなっているのですが、そのときは「一所懸命に思いっきり生きる」ということの大切さを感じて日本一周の旅に出、沖縄でボクシングや絵と出会うことになります）。

小屋を継いで二、三年は、維持するのに精いっぱいでゆとりがなかったのでしょう。正直にいって、かなりお粗末なことをしていたと思います。たとえば、食事を出したあとにお客さんが到着されると、よく叱っていましたし、お客さんとのバトルのあと、腹を立て、茶碗を投げて出すようなこともあって、本当に失礼なことをたくさんしたような気がします。この場を借りて、あのときはごめんなさいと謝りたい気持ちです。世間でいう殿様商売をしており、それが山小屋では当たり前だと思っていたのです。

それが山小屋の主《あるじ》になって二、三年経ってから、自分に少しずつですが、ゆとりが出てきたのか、小さな楽しいことをちょっとずつ始めました。部屋に棚を作ったり、小屋の廃材を利用して休憩場所を作ったり。そんな小さなことなので、お客さんはなにも気がつかずに、ふつうに使って楽しんでいるのですが、その姿を見てなにやらニコニコしていたものです。そして到着の遅れたお客さんには、よくこんな遅くまでがんばって歩いてこられましたね、とねぎらうというように変わってきました（叱るなんてとんでもありません！）。

自分が本当に山小屋の主として変わったのは、シーズンオフに行なったスキューバダイビングがきっかけです。そのときのインストラクターの話や仕事ぶりを見て、頭が下がる思いをしました。お客さんに気を遣い、人を笑わせ、楽しい時間を過ごさせてくれるのです。これがプロの仕事だと感じました。

山と海という違いこそあれ、お客さんに自然を楽しんでもらう仕事は同じ。山もそうあるべきと考え、「宿泊代金」ではなく、「楽しみ代金」とお客さんが思えるようにと考えるようになりました。そうなると、お客さんが喜んでもらうこと、楽しんでもらうこと……とアイデアがいろいろ出てきて、今年はあれとあれをしようと決めて山に上がるようになったのです。

たとえば夕焼けを見ながらの食事計画。廃材を利用して仮設のテラスを作り、そこにテーブルを作って外で食事をしてもらったり、一所懸命作った料理をよりいっそう、おいしく食べてもらうために、瀬戸に器を探しにも行きました。また、少しでもおいしい米を食べてもらいたくて山小屋で精米するようになりましたし、大日平の思い出になにかしてあげたいと思い、自分が描いた絵ハガキのプレゼントをするようにもしたのです。

また大日平山荘にはハンモックを置いていますが、これは南米に旅行に行ったときに思いついたことです。ハンモックに揺られていると、白い雲が流れる青空に自然と目が行き、体は風を感じ、眠くなって目を閉じれば、今度は子守唄のように鳥や虫たちの鳴き声が耳に入ってきます。自分自身、少しでも時間があればハンモックで休憩しているくらいですから、本当に最高の気分なのです。それから、貸しタオルのアイデアも南米に行ったときに思いついたものです。貧乏旅行なので一泊五百円ほどの宿に泊まるわけですが、タオルやトイレットペーパーなどがなくて困った経験があり、とくに移動のときは濡れたものをリュックに入れたくありませんから、それらを貸してくれるサービスが山にあったらいいと考えたのです。

昔、両親がしている山小屋で理解できなかったことがありました、どうしてこんなにつらい思いをして山菜を採っているのか、どうして毎日毎日布団を干すのか、どうしてこんなに手間のかかったことばかりするのか、と。このごろやっとわかったことなのですが、そんなふうに手間ひまをかけていると、出発されるときのお客さんの顔が笑顔なのです。その顔を見たくて両親はがんばっていたのだとわかってきたのです。

ときどき、お客さんから「いろいろなことをして大変ではありませんか？」と聞かれることがありますが、私は「自分は道楽者で、いろんなことを楽しんでやっているんですよ」と答えています。たしかにつらいときや大変なときはありますが、それでもやっぱり楽しいですし、自分がほんの少しつらい思いをしても、それで山小屋に来られたたくさんの人を笑顔にして、ほんの少しの時間でも幸せにすることができたら、こんなすばらしい職業はほかにはないと考えるようになったのです。

楽しんで生きる――とは父親に学んだことなのですが、とにかくいろいろ考えて、実行してみることを心がけています。バンダナやバッジのデザインにしても、山小屋の増築にしても、だめと最初に思われたことでも、とにかくやってみると、遠回りではあってもぬけ道のようなものが見つかり、前に進めるのです。そうやって山小屋をやってきましたし、これからもいろんなことにチャレンジし続けたいと思っています。

私のような人間がお客さんに山を語ることはできません。しかし、大日平にはこんな楽しみ方があるよ！　と紹介することはできます。生ビール一杯を飲むにしても、小屋の中で飲むよりは、小屋から歩いて一分の不動の滝の展望台で飲めば、最高においしいですし、ワタスゲの花が咲いているときに夜の月明かりのもとで木道の散歩なんかしたら、青の美の世界を楽しめます。お客さんがちょっと気のつかない楽しみ方を紹介できるような、そんな山小屋主になりたいと思っています。

大日平山荘

高層湿原が美しい北アルプス・大日平の一角に位置し、大日岳登山の拠点となっている。水が豊かな場所がら、入浴もできる山小屋。三代目主人の佐伯直樹さんは北アルプスの山小屋のなかでも若いオーナーで、型にとらわれない数々の試みが好評。また、子ども連れの方や、障害のある方にも山を楽しんでもらいたい、無事に家に帰ってまたいつか山に戻ってきてほしいという想いから、登山道整備にも力を入れている。

立地＝大日岳北西大日平、標高１８００メートル。称名平から約3時間

収容人員＝50人

設立＝１９６０年

第三十一話　山のルネッサンス

塩沢久仙（広河原山荘）

日本に近代登山が入ってきても、奥深い南アルプスは、その波の訪れがワンテンポ遅れることとなった。当時の登山形態は、近代登山の先覚者たちが地元の案内人を伴って、心もとない地図に頼り、露営や、現場の材料で小屋掛けをしたり、地元民の山仕事の小屋を利用して、たいへんな苦労を重ねながら、その頂に足跡を残していった。

南アルプスの山梨県部分は、一九一一（明治四十四）年に明治天皇から県有財産として御下賜されて以来、県有地として県が民間の協力を得ながら、林業や観光行政の振興を図ってきた。一九二四年、増加する登山者の対応や森林事業の遂行と林野巡視のために、山梨県山林課は白峰《しらね》山系に五つの山小屋を建設した。このとき、南アルプスに初めて登山者のための山小屋が誕生した。この後、利用が少なく取り壊される小屋あり、逆に新築される小屋あり、幾多の変遷を重ねながら、現在の山小屋の形態や位置が確立された。林業が衰退した今日、山小屋は純然たる営業登山小屋に、林道は観光道路となっている。そのような状況下で、山好きのだれもが考えるように、「山にかかわって生涯を送りたい」という憧れをもっていた私は、山小屋生活を選んだ。今考えれば、暮らせる山小屋があったことは幸運であったと思う。

一九六五年、芦安温泉岩園館の主人になかば強引にお願いして、夜叉神峠《やしゃじん》小屋でその生活が始まった。このときから、登山者としてのそれまでとは逆に、受け入れ側としてのさまざまな知識が必要になった。対価の代償に責任を負うことになり、山に対する新たな姿勢の構築が求められるようになってきた。それは、山小屋と管理人の使命を明確にすることであった。試行錯誤を繰り返しながら、山小屋は営業小屋といえども公共性が高く、安全登山、自然保護、山岳文化の研究および発信の基地として機能するべきと結論づけた。

六十年前に山梨県山林課が「広河原《ひろがわら》小屋」として建て、一九八五年に新築された「広河原山荘」に移ってからも、この理念のもとに、大勢の人々に助けられながら小屋番生活を続けてきた。そのなかでも、とくに印象に残ったいくつかの出来事を振り返ってみる。

一九七八年、山梨県直営の北岳山荘がオープンした。この管理運営のための連絡は、出力の小さい市民バンドの無線機だったため、夜叉神峠小屋がその中継をすることになり、私は北岳の情報をすべて知る立場にあった。そして、北岳での遭難や病人の多さに驚き、診療所の必要性を痛感した。なんとか北岳に診療所を、という思いを昭和大学医学部にもちかけたところ、山梨県の理解と協力を得て、北岳診療所が設立され、南アルプス登山の安全は飛躍的に向上した。

一九九〇年六月には、大自然のなかで質の高い音楽を、と思い、山と音楽の愛好家が集う自然のなかでのコンサートの実現をめざした。演奏者の確保、楽器の運搬、運営方法など、ひとつひとつ解決するために五年間の準備期間をおいて、ヴァイオリン、ファゴット、チェンバロの演奏で、第一回「谷間のコンサート」を開催することができた。北岳をめぐる新緑の野呂川の谷間に、コマドリやウグイスの声援を受けて奏でられた音楽は、地元の子どもたちをはじめ、百五十人を超える人々に感動を与えることができた。「今度は紅葉のなかで聴かせてほしい」との声が寄せられ、それから毎年春と秋に開催し、すでに三十回ほどを数えた（二〇二〇年現在は開催されていない）。

南アルプスは一九六四年に国立公園に指定されて以来、折からの登山ブームと、南アルプス林道の開通でアプローチが一挙に短縮されたため、たくさんの登山者が訪れるようになった。そのいっぽう、登山者の急増に受け入れ側の態勢が追いつかず、施設整備はほかの山域に比べて大きく遅れることとなった。先にも述べたが、南アルプス北部の山小屋の発展は山梨県によって支えられてきた。しかし、県は山小屋に多くの予算を割けるわけではなく、国によって五年ごとに行なわれるはずの国立公園の利用見直しもなされない状況では、多様化する登山者のニーズに応えられず、利用者に不便をきたしている。また、登山者の増加に伴う自然破壊も心配されはじめた。とくに、し尿の問題は深刻で、南アルプスは山小屋間の距離が長く、コース途上にトイレがないことや、すべての山小屋がたれ流しのトイレだったため、その悪臭が山小屋のイメージを著しく失墜させていた。

この状況をなんとか改善する糸口として、現状を正確にとらえるため、大樺沢《おおかんばざわ》の大腸菌調査を行なった。その結果、多数の大腸菌が検出された。このことをマスコミが大きく取り上げ、社会問題にも発展し、以前から各山岳地で進められていた山岳トイレの改善に拍車がかけられた。

山を仲立ちとして、社会生活から解放された非日常の環境のなかでの人々との出会いは感動的で、打算を超越した人間本来のすばらしい出会いができる。南アルプスが好きで足繁く訪れる人々と地元の人々との交流が生まれ、ひとつの渦ができた。その人たちが自然の保護やその利用、それに山岳文化振興について意見をまとめ、旧芦安村に「南アルプスの総合的な文化施設」建設の必要性を提言した。これを受けて村は、その財源を確保すると同時に、それらの人々に協力を得ながら、まさに官民一体となって動きはじめた。南アルプスの多様な自然とそこに生きた人々の歴史や文化の発掘・継承・調査研究、さらに教育、生涯学習、自然保護、安全登山などの拠点として、二〇〇三年、南アルプス市誕生と時を同じくして、「南アルプス市芦安山岳館」が誕生した。ここでは、その目的を遂行するためのさまざまな活動を展開している。この施設の立ち上げに加わった私は、広河原山荘の管理とあわせて、山岳館の活動が重要な仕事になった。

このように南アルプスは、自然の保護と適正利用に向けて、ゆっくりだが着実に歩み出している。しかし、近年の登山事情は、先人たちの遺した登山の重要な要素であるパイオニア・スピリットや冒険心、地域研究などは色あせ、平地観光の延長としての登山や、百名山だけをめざしている傾向にある。アプローチが短縮され、あらゆる面で便利になっても、山がもつ気高さや、心を揺さぶる感動を与え続けてくれる姿は時代を超えても不変のはず。変わっているのは山に対する人間の心かもしれない。今こそ登山の原点に返って、畏敬の念をもって謙虚な態度で山々を見つめ直し、豊かな山岳文化を築くために「山岳ルネッサンス」を興すときかもしれない。

広河原山荘

南アルプス北部の玄関口ともいえる広河原に建つ。大樺沢登山道の登り口にあり、北岳を登る登山者の貴重なベースとなっている。長年、ここの管理人を務めた塩沢久仙さんは、南アルプス北部のオピニオンリーダーとして自然保護などのさまざまな活動を続けて、２００３年からは南アルプス芦安山岳館の館長も務めた。２０２０年現在、塩沢顯慈さんが跡を継いでいる。
立地＝大樺沢出合、標高１５３０メートル。広河原にある大樺沢出合バス停からすぐ
収容人員＝80人
設立＝１９８５年

第三十二話　警備隊から小屋番へ

馬場保男（谷川岳肩ノ小屋）

小屋番生活四カ月を今振り返ると、アッという間に過ぎてしまったような気がする。二〇〇三年の三月三十一日をもって、三十六年間勤めた群馬県警察を退職しての新米小屋番のスタートであった。

三十六年のうち三十五年間を谷川《たにがわ》岳警備隊に勤務し、谷川岳に自分の庭のように親しみ、大勢の山ヤさんと知り合うことができた。しかし、一応の目安はあったにしても、今までの給料取りとは違い、山小屋の経営者である。なんの保証もない。一抹の不安はあったものの、家族、山仲間の応援もあり、なんとかなるだろうという気持ちで第二の人生のスタートをきった。

谷川岳肩ノ小屋の歴史は、上越線の全面開通により、東京方面からの登山者が急増し、それに伴って遭難事故も増えたため、一九四一年、京浜地区を中心とした山岳団体の寄付金で小屋が建てられたことに始まる。戦後、登山ブームとともに老朽化も進み、一九五四年、群馬県によって建て替えられた。管理人も常駐し、縦走路の要として多くの登山者に親しまれ、また、その命も救ってきた。一ノ倉の岩壁を必死で登攀し、命からがら小屋にたどり着いたクライマーも多かったのだ。しかし、その小屋も、上越国境の厳しい自然に蝕まれて再び老朽化し、一九九二年、管理人も山を下りてしまった。

その後、一九九三年に無人の避難小屋に建て替えられたが、多くの登山者から再び有人化が望まれ、二〇〇三年、群馬県により増築と改築がなされ、有人化することになった。

私は警備隊の隊長になってから、警備隊は五十五歳までと心に決めていた。遭難者を背負えなくなったら警備隊は引退し、他署へ転勤希望を出すか、潔く退職するつもりでいた。上司は、現場に行かなくても隊長として下で指揮してくれればいいと言ってくれたのだが、自分の性分として、下で指揮をしているタイプではない。最後まで現場で活動したかったのである。山が好きで警備隊に入り、発生した遭難には可能なかぎり出動しようと心に決め、ほとんどの現場に出動してきたが、それも限界にきていた。また、後輩の活躍のためにも退くべきであった。そんなとき、小屋の有人化の話がもち上がったのである。その条件には自分が適任と思い、管理人を引き受けることになった。

しかし当然、ひとりでできるわけがない。警備隊時代は、いつ発生するかわからない遭難事故に対応するために、私生活を犠牲にした面もあったが、小屋の管理人になったことで、今度も妻を引きずり込んでしまった。

小屋の規模は、収容四十人くらいで、こぢんまりとした、木の香りのする、ソーラー・風力発電の整った小屋である。

始まってみると、なかなか忙しかった。当初は、週一回は麓にある自宅に泊まる予定でいたのだが、いろいろな雑用があり、結局、自宅で寝たのは四カ月のうち五回だけで、あわただしい日々が過ぎてしまった。

妻も当初は週末のみということで入山したのだが、忙しくもあり、また、山の生活も気に入ったらしく、週の半分以上は小屋で生活していた。洗濯やら買い物で週一回は下山したが、温泉町に育ち、風呂好きな妻がよくもったと感心している。途中で嫌気がさして下山するのではと思っていたが、自分にとって、これはうれしい誤算であった。

小屋の一日は朝四時から始まる。登山者の朝食の用意、登山者を送り出すと、食事の後片付けと室内の清掃。それが終わって九時ごろになると、日帰りの登山者が続々と登ってくる。休憩室に入って休憩する人、食堂でコーヒーを注文する人、テレビや新聞で紹介されたこともあって、いっしょに写真を撮ってくださいという人もずいぶんいた。私の仕事ぶりを知りたがる人など、いろいろな方が訪れてきた。

午後三時近くになると、日帰りの登山者は下山するが、今度は宿泊者の夕食の用意が始まる。五時から夕食になり、後片付けをして、自分たちの夕食やら明朝の用意をすると、もう消灯の九時になってしまう。

土・日・祝日は地元の山仲間がボッカしてくれたり、食堂を手伝ってくれるが、早朝から夜まで働きづめである。平日の手の空いているときは、四百メートル離れている水源に行き、水のポンプアップをしたり、トイレの汚物をヒシャクで汲み取り、浄化槽に移動したりで、けっこう休ませてはもらえない。

しかし、いろいろな人が上がってくる。子どもを背負った家族連れ、途中までという気持ちが、天気がよかったのでついつい山頂まで来てしまったという、山登りとは思えない格好の、なにも持っていない若い男女、八十歳は過ぎていて足下もおぼつかないお年寄り、にぎやかなツアーの団体。

なかでもたまげたのは、台風上陸で泊まり客がすべてキャンセルになった日、風速四十メートルの風雨のなか、五人の外国人パーティが登ってきたこと。通常なら五百人くらいの日帰り登山者がいる日であるが、まさかこんな日に登ってくる登山者はいないだろうと妻と話していたところ、突然、小屋に休憩で入ってきた。聞いてみると、これから縦走するというのである。もちろん、やめるよう説得したが、わかったのか、わからなかったのか、休憩後、目的の方向へ出ていってしまった。本当にいろいろな方が登ってくる。

それにしても登山者層は変わった。谷川岳といえば岩登りのメッカである。この肩ノ小屋は、一ノ倉沢など東面の岩場や南面の沢を登りつめた近くに位置し、昔の土・日ならば、ハーネスを付けたクライマーが続々と登ってきて、緊張感から解放されて固い握手を交わし、ビールで乾杯をしていた光景が見受けられたが、今はほとんど見られない。私も昔は岩を登り、稜線にぬけ、固い握手を交わしたものであるが、残念である。

谷川岳警備隊が麓の土合に常駐していたころ、毎週訪れる山ヤさんと山を語り、ときにはザイルを組み、遭難が発生するとよく協力してもらった。よき時代の思いが強く、再び山頂で山を語りたいと思っていたが、今は壁を登ってもほとんど懸垂で下降してしまう。谷川岳の自然は変わらないが、登山者はさま変わりしている。

しかし、全国から大勢の登山者が訪れて小屋を利用してくれ、地元の温泉旅館も利用してくれて感謝するとともに、刻一刻と変化する景色や、朝夕のすばらしい景色に感動する登山者の素直な姿を見ると、やはり登山者は好きだし、やりがいを感じる一瞬である。

七月上旬、小屋オープンのために小屋に入り、小屋の前で妻が初めてブロッケン現象に出くわしたり、ときどき見せる景色の変化に妻とともに感激もした。知りつくした山であるが、山のすばらしさ、常駐しなければわからなかった山での出来事など、谷川岳の奥の深さをあらためて感じた四カ月であった。

二〇〇三年の山は天候がわるく、思ったよりお客さんは少なくて心配した面もあったが、山の仲間の応援もあり、なんとか十一月三日に無事、小屋を閉めることができた。いくらか余裕が出てきたので、今後は道標の整備や、裸地化した斜面の高山植物の復元もしたい。さらに、小屋の雰囲気に合ったコンサートでも開けたらなと夢をふくらませている。

谷川岳肩ノ小屋
岩登りで有名な谷川岳の山頂直下に建つ。クライマーの貴重な休憩所として、縦走登山者の拠点として、古くから利用されていたが、長らく無人になっていた。2003年から再び有人化され、シーズン中は馬場保男さんが常駐するようになり、食事付きでの宿泊なども可能となった。2020年現在、馬場さんは引退し、森下孝男さんが小屋番を務めている。
立地＝谷川岳トマの耳直下、標高1950メートル。谷川岳ロープウェイ天神平駅から約3時間30分
収容人員＝40人
設立＝1941年

第三十三話　山小屋の「暮らし」

渡邉佳苗（燕山荘）

山登りに始まり、山登りに終わったような大学生活を卒業して、北アルプスの山小屋、燕山荘《えんざんそう》で働きはじめた。東京生まれ、千葉育ち。山好きの両親のもとに育ち、小さいころからスキーやハイキングに連れていかれた。でも、小、中、高校と水泳ひと筋。山の「や」の字も知らなかった。

大学受験の浪人のころ、いろいろなことを考えた。この世界のゆくえ。自分自身のゆくえ。世界はどうなっていくんだろう。この世界で私はどう生きていくんだろう……。そんなことを、とりとめもなく考えた。受験のための勉強ではなく、自分のために本を読み、考えたことを文章にした。写真や絵画などの芸術にもふれて、人間の内側にあるものを表現すること、それを感じることの大切さも知った。

そんなときに出会ったのは、写真家星野道夫さんの本だった。大自然を見つめる眼、自然とともに暮らす人々を見つめる眼に衝撃を受けた。星野さんがアラスカを見つめてつむぎだす文章と写真にたくさんのことを教わった。「たった今」のことだけではなく、遠い時間の流れのなかに「今」があり、それがこれからもずっと続いていくという、地球の時間の流れ、というものを意識するようになった。

そして、アラスカの大地とともに生きる人々の暮らしと世界観にとてもひきつけられた。すぐそばに広大な原野が広がり、たくさんの動物たちが生き、川が流れ、季節が移ろいゆく。そのなかで人間は、はるか昔から自然とともに生きてきた。そんなふうに星野さんがいきいきと表現した広大な自然に憧れた。

どうすれば、自然とのつながりを感じながら生きていけるだろうか。そのために自分にはなにができるだろうか。星野さんのように自然や大地のなかにどっぷりとつかって、自然とともに生きてみたい。そこでいろいろなことを感じたい。そんな思いから大学入学とともに山岳部に入部した。

山に登ることは最初、かなりつらかった。それでも、山に入ると木のぬくもりや、動物の気配、気象条件の厳しさ、自然のなかでの生活の厳しさなど、学ぶこと、感じ取ることがたくさんあった。だから、つらくても楽しかった。山岳部では自然のことだけではなく、リーダーとして山に入ることも学んだ。自然を見る眼、判断する力、仲間と山登りを楽しみながら目標を乗り越えていくこと。机の上だけではわからないことがたくさんあった。

卒業を控え、進路を決めるころ、山の見える所で働きたい、という思いが強くなった。生活の場の近くに森があり、山が見える。そんな暮らしがしたい。山登りも楽しかったが、それと同時に山や自然にふれた暮らしのなかでもっとなにかを学べるような気がした。そう思っていたときに、燕山荘を経営する赤沼健至オーナーに出会った。独創的な考え方をする方だな、と印象に残り、いろいろ考えた末に卒業後の春から働かせてもらうことになった。ここから私の山の「暮らし」が始まった。

山の上の「暮らし」は登山とはまったく違う。つねに山の上にいるからこそ見ることのできる山、そして自然の表情がある。天気も植物も、毎日毎日変わらないものなどなにひとつない。

「同じ日は一日としてないんだ」。そんな当たり前のことにあらためて気がついた。次から次へと変化する大地を見ていると、同じ場所にいても飽きるということはなく、むしろたくさんのことが見えてくる。雲の動きや空気の湿り具合で天候を判断したり、高山植物たちに長い時間をかけた植物の変遷を見たりと、目、耳、鼻、体すべての感覚を使って生きるということを自然が教えてくれる。「生きる」ということは毎日を「過ごす」ことではなく、自らの命を「生かす」、もしくは「活かす」ことなのだと思った。

山登りはとてもおもしろく、行ってみたい所がたくさんある。歩くことはもちろん、クライミング、スキーと山の楽しみ方はつきることがないし、日本では春夏秋冬のすばらしい季節の変化によって、つねに違う山を体験することができる。

いっぽう、山で「暮らす」ことは、登山とはまったく違った視点から山を見、そして社会を見ることだと思う。自然とともに人間の社会を見る。共同生活による人間関係のいろいろ、社会生活のいろいろ、登山者の方との出会いなど、学び、経験することがたくさんある。どこで働いても、同じことかもしれないが、私の場合、舞台が大自然の真っ只中であり、社会よりも先にまず自然がある。山はすべてがそこから広がる世界なのだ。

水、電気、食料、燃料など、生活に必要ないっさいのものが「ない」という前提から始まる生活。冬は雪を溶かし、夏は水を引く。朝一番、発電機を動かし、小屋に明かりを灯す。ヘリコプターによる食料や必要物資の荷揚げがあり、ときには背負って小屋まで物資を運ぶ。街では当たり前に「ある」ものを、スタッフ総出で「ある」状態にする。そこから「暮らし」が始まる。

求めていた自然とともに生きる「暮らし」を、今、全身で享受している。うまく言えないが、生きるということがどんなことか、少しわかってきたような気がしている。ここで感じるいろいろなこと、自然とともに生きるということ、そこから生まれる心の豊かさ。そんなものを少しでも多くの人と共有できたらいい。今、そう感じている。

燕山荘

北アルプス・燕岳近くに建ち、北アでも屈指の規模を誇る。表銀座コースの起点となる立地や、槍ヶ岳方面の大展望に恵まれ、つねに登山者でにぎわっている。オーナーの赤沼健至さんは、さまざまなユニークな試みを行なうことで知られ、なかでも夕食時に宿泊者の前で行なうアルペンホルンの演奏と山、自然の話は人気が高い。執筆者の渡邉佳苗さんは、現在は退職して別の仕事をしながら山に親しんでいる。
立地＝燕岳南方約1キロ、標高2680メートル。中房温泉から約4時間
収容人員＝600人　設立＝1921年

第三十四話　青年を育てた山と人

竹内敬一（青年小屋）

私がこの山梨県の北巨摩《きたこま》の地を初めて訪れてから三十年ほどの月日が経った。そのときは私にとって初めての本格的な冬山登山で、たしか金峰山《きんぷ》への正月山行だった。中央自動車道もまだ全線開通しておらず、途中から国道二〇号線をひたすら走ったのを覚えている。

韮崎のあたりまで来たとき、雪煙を舞い上げる三角錐の山と、その右にゆるやかに裾野を伸ばす山々が視界に入ってきた。私と北巨摩の山々、とくに甲斐駒《かいこま》ヶ岳と八ヶ岳との出会いの瞬間だった。これから登りにいく金峰山には申し訳ないと思いながらも、なにかドキドキするものを感じていた。

数年後、私は八ヶ岳青年小屋の小屋番になっていた。大学を卒業し、ふつうに就職もしたのだが、もともと田舎育ちの自分には、都会の生活がどうにもなじめず、私を初めて登山に誘ってくれた友人や親の反対も押し切って、入ってしまったのだ。

山小屋の生活は楽しいことだらけだった。雨が降ろうが雪が降ろうが五十キロも六十キロも背負う、つらいはずのボッカさえも、すべてが楽しかった。また、登山者として山に登っていたときとは、自然に対する感じ方が少しずつ変化していった。

もともと、二日や三日で山のなかを通り過ぎるだけの登山者としての自分が、一カ所に住み着いたら自然はどのように見えるのだろうという興味はあったのだが、実際、山のなかで生活してみれば、麗しい、厳しい、荘厳などなど、人間の使う形容詞をはるかに超えるものだと思った。それは、宗教、哲学、自然科学などがいっしょくたになって空から降ってくるような世界だった。私はそのとき、初めて真言密教のいう大日如来のささやきを聴いたのかもしれない。

当時、青年小屋と権現《ごんげん》小屋は、宮沢源治さんという八十歳くらいのおじいさんが経営していた。源治さんは、わがままな私の言い分を聞いてくれ、しかもかわいがってくれた。私もまた、自分に祖父がいなかったこともあって、自分のおじいちゃんのように肩をもんであげたり、小屋に登るときは荷を背負ってあげたりして暮らしていた。

そんな生活が三カ月ほど続いたある日、源治さんがポツリと言った。

「おめえ、おらぁの跡を継いで、この山を守っていってくんねえか。おらぁの息子は山が嫌《き》れぇでだめだ」

それから逡巡の二年間が過ぎていった。私は、山小屋を閉めている冬の間は酒造りの仕事をしていたのだが、そちらでも小谷杜氏《おたりとうじ》のおじいちゃんたちから、杜氏になれ、なれ、とすすめられていた。小谷村の杜氏たちは寡黙でいて達人であり、しかも控えめで、本当の意味でやさしい人たちだった。私は迷いに迷ったあげく、源治さんに言った。「今年いっぱいで山を下りて、杜氏になりたいと思います」

そのときの源治さんの驚きと失望のようすはすさまじかった。

「なにを言ってるだ、おめえは！　おめえがこの小屋を継いでくれなんだら、だれがこの山を守ってゆくだ！　よし、そんならおらぁが今年で山を下りるで、おめえが来年からやってくれし」

私は源治さんの気持ちがうれしく、また、恐縮してしまった。しかし私が山小屋を継ぐにはまだ難関があった。山小屋の実質上の所有者である町役場の説得だ。町の規定では、町内に十年以上住んでいなければ、公共物の貸し出しはできないことになっていた。私は小淵沢の町に住所を移してから、まだ二年も経っていなかったのだ。源治さんは私を連れだっていって、役場の課長さんたちを一生懸命説得してくれた。

「この男はおらぁがやっと見つけた跡継ぎだ。なにしろ真面目も真面目、真面目の上に馬鹿が十もつくぐれえだ。町の決まりはわかるけんども、なんとかおらぁの跡継ぎにしてもらいてえ。おらぁもへぇ八十を越して体の具合《ぐえー》もよかぁねえだ。来年《れーねん》からはこの男に小屋をやらしてやってくれし」

源治さんは何度も何度も頭を下げて頼んでいた。血もつながっていない私のために、こんなにまでしてくれるのかと思うと、胸に熱いものがこみ上げてくるのだった。役場にすれば、どこの馬の骨かわからない男に、そう簡単に公共物を貸し出すわけにもいかず、かなりもめたらしい。しかし役場の助役さんのひと声、「そんなわからんことをいつまでも話し合っているより、源治さんがああまで言ってるんだから、ひとつその若者にやらしてみりぁいい」。本当に鶴のひと声だったそうだ。

*

山に長く暮らしていれば、遭難事故にもよく遭遇する。私も、赤岳《あか》キレット付近などで事故があれば、警察から頼まれ、お手伝いとして駆けつけていた。当時、地元の長坂警察署の救助隊員は長坂さんという方で、あるとき、その長坂さんから「あんたは山岳ガイドもやっていて、技術も体力もあるし、もうちっと本格的に救助隊を手伝ってくれんかね」と持ちかけられた。

長坂警察署の管轄は、北巨摩郡の六町村におよび、八ヶ岳の赤岳、権現岳、編笠山《あみかさ》、南アルプスの甲斐駒、そして鳳凰地蔵岳《ほうおうじぞう》までと、広範かつけわしい場所が多い。当時は中高年登山者の遭難事故も増えつつあるときだった。

引き受けたものの、私には山小屋があり、また、冬季の土日のほとんどは山岳ガイドの仕事で山に行ってしまうので、中途半端にならざるをえなかった。そんなとき、長坂さんから言われた。

「山岳救助は人命がかかっているんだよ。もうちっと真剣にかかわってくんねえかい。俺ももうすぐ六十だ。俺が六十になったら、あんたに隊長をやってもらいたい」

それ以来、私はなにがあっても山岳救助を優先してきた。たとえ山小屋にたくさんの予約が入っていても、ガイドの仕事が入っていても、また、たとえガイド山行中でも。隊長に就任するときの挨拶で、私はこう語ることができた。

「私たちの故郷であるこの北巨摩の山のなかに困っている人がいたら、助けに行けるのはわれわれ山岳救助隊しかいない。しかし、知ってのとおり、甲斐駒はじめ八ヶ岳東面とけわしい場所ばかりだから、救助訓練をしっかりやっていなければ、当然、救助はできない。

私は、救助隊というものは三十三変化して人を救済してくれるという観音さんと同じだと思っている。救助隊にかかわっている以上、絶対に助けたいと思うが、それに賛同していっしょに努力してくれるか」

約五十人の隊員たちは拍手をもって賛同してくれた。うれしくもあり、また、非常に重く感じる拍手でもあった。

なんのつてもなく、八ヶ岳と甲斐駒に引き寄せられるように、私は北巨摩の地にやってきた。またたく間に二十五年が過ぎてしまったが、山々は抱えきれないほどたくさんのことを私に教え続けてくれている。

＊

また、この地に生まれ、この地で暮らしてきた先輩たちは、いつもやさしく接してくれる。風来坊のような私をよそ者扱いすることもなく、受け入れてくれた北巨摩の人々と、命をかけてでも全うすべき任務と責任を教えてくれた山々と先輩たちに感謝している。

青年小屋
八ヶ岳の最南部に位置する小屋で、山梨県小淵沢町が青少年修練宿舎として建設した。個性的な小屋名はそこに由来する。当時から改築も増築もされていない建物は独特の趣があり、主人の竹内敬一さんの人がらとあいまって、熱心なファンが多い。
立地＝編笠山北東鞍部、標高２４００メートル。観音平から約３時間
収容人員＝１５０人
設立＝１９６１年

第三十五話　山小屋家族

吉木綾子（金峰山小屋）

「お気をつけて」と登山客を送り出し、小屋の前のテラスでコーヒーを飲むときが、いちばんほっとする。遠くの山々を見ながら、「ああ、またこの場所に帰ってきたんだなあ」と、今でもときどき思ってしまう。

＊

小屋に入って七年目、その年の春に結婚し、仕事のうえでも慣れてきて、生意気にもやりがい、楽しみを感じてきた。小屋閉めも終わり、二週間後には正月営業を控えたころに、子どもを授かった。

「えっ！　本当に？　どうしよう」。最初はそう思った。もちろんうれしかったが、むしろどちらかというと、「赤ちゃんがいるんだあ」という、不思議な気持ちのほうが強かった。でも、仕事のことを考えると、正直、「どうしよう、困ったなあ」、そう思った。

子どもができたから、山を下りることになる。それは当然なのだが、やりがいや楽しみを感じはじめ、さあこれから、というときに、無条件にそれを取り上げられたシヨックは大きかった。

「悔しい」「寂しい」「心配」……いろいろな感情がわいてきた。実際、下での暮らしには、寂しさや物足りなさを感じていた。が、何度も経験できることじゃないからと、「今を楽しむ」ことにした。

しかし、次の年の六月、妊娠八カ月目に入ったころ、とうとう耐えきれずに、私の足は山に向かっていた。最初のうちは「行ける所まで行って、だめならもどればいいや」と、軽い散歩気分だった。

いつもなら二時間で行くところを、疲れたと感じたら休むことにして、仕事ではなく、ゆっくりのんびり歩いていく。久しぶりに歩く山は本当にさわやかで、気持ちのいいものだった。

四時間後、見覚えのある小屋が見えてきた。「ただいま」と声をかけて入ってみると、夫の真ちゃんが「どうしたの?」と驚いて心配してくれた。「来てみたくなっちゃって」と私が言うと、「来てしまったものは仕方ない」とニッコリ笑ってくれた。そうして久しぶりに、山の上でふたりそろった。大きいお腹を抱えて、フーフー言いながら来て見たこの景色は、本当にきれいだった。

その二カ月後、娘が生まれた。奥秩父の七、八月は、それほど忙しくない。きっとこの時期は、アルプスの山々にたくさんの人が登りにいってしまうからなのかもしれない。だから時間ができると、真ちゃんはよく山から下りてきた。下りてくるたびに娘の成長がわかるのが、うれしくて仕方ないようだった。

娘が一歳になるまでの一年間は、初めての子育てと仕事とで、けっこう忙しかった。娘を車の助手席に乗せて買い出しに出かけたり、林道まで荷物を届けたり。思っていたよりハードな日々だった。

山を下りることになったときは、「山のことが心配。大丈夫かな」と、気がかりなことばかりだったが、娘が生まれてからは、かわいくて仕方なくて、離れたくないというのが正直な気持ちだった。

娘が二歳になるころには、真ちゃんと話し合って、仕事も子育てもお互いに交代してやるようになった。私が月曜日に小屋に入り、木曜日に下りる。真ちゃんが木曜日に入り、月曜日に下りるというように、だいたい週の真ん中で交代した。「下の林道に十時」が合言葉で、車で娘と林道まで行き、真ちゃんに娘を預けて登っていく。そんな感じだった。

ずっと家で子育てをしていると、いくら自分の子どもがかわいいといっても、ストレスがたまるのもやはり事実である。それが山に行くことにより、仕事ができて、気

持ち も 切り替えられ、また娘に会いたいと思って帰っていくことは、私にとってとてもいいサイクルだった。ときには、「今週、予防接種がある」とか「二歳児検診が○日にあるよ」など、急に予定が変わることもあったけれど、なんとか都合をつけた。

＊

二〇〇三年、テレビ番組に出演させていただいた。テーマが「大自然に暮らす家族」ということで、娘も含めて、下の家の暮らしと山の上の暮らしを紹介する内容だった。そのなかで、娘は初めて小屋に登った。もちろん真ちゃんに背負われてだが、本当に楽しくてうれしかった。二十歳で山小屋に入ってちょうど十年目、こうして家族で小屋にいることに、私は時の流れを感じ、少し感動もしていた。

この生活は、娘にとって、一年のおよそ半分は両親そろっていることがない。ときにはかわいそうな気もする。思えば私自身も、子どものころ、父親が山小屋に行っていて、あまり家にいなくて寂しい思いをしてきた。だから娘には寂しい思いをさせたくない。できれば父親とたくさんいっしょにいてほしいし、私もいっしょにいたい。でもその半面、親の仕事を見てほしい気持ちもある。どんな仕事を「お山の上」でやっているか、そのために家にいられないことも、そのうちわかっていってほしい。

二〇〇四年の六月、第二土曜日の開山祭に、娘がまたやってきた。小屋までの道のりの半分を小さな足で歩いてきたと聞いたとき、私はビックリした。一年前は真ちゃんの背中に背負われてきたのに、一年でこんなに成長するんだと、しみじみ思ってしまった。小さなエプロンをつけて、「こんにちは」と登山客に声をかける娘は小さな看板娘のようで、小屋の中に花が咲いたようだった。

いつか、いろいろな意味で大輪の花がこの小屋に咲けばいいなと思いつつ、私はまた、お気に入りのテラスでコーヒーを飲んでいる。

金峰山小屋

奥秩父・金峰山の山頂近くに建ち、金峰山登山の重要な拠点となっている山小屋。長年、小屋番を務めてきた林袈裟夫さんが急逝したあと、長女の綾子さんが小屋を守ってきた。綾子さんは吉木真一さんと結婚し、夫婦で山小屋運営にあたっている。

立地＝金峰山北西、標高２４２０メートル。廻目平から約３時間30分

収容人員＝60人

設立＝１９６０年

第三十六話　山小屋のとーちゃん

森山　健（高谷池ヒュッテ）

二〇〇四年、長年思い続けた「山小屋のとーちゃん」になる夢がとうとうかなった。
二四六二メートル、火打山《ひうちやま》、高谷池《こうやいけ》ヒュッテ。
ここには、想い焦がれたすべてがある。

＊

思えば山との出会いは、幼いころ、山好きの祖父に連れられて兄といっしょに、なかばイヤイヤ登った山だった。地元、頸城《くびき》山塊の妙高山《みょうこうさん》。もともと私は妙高山の麓で生まれ育った関係上、比較的抵抗はなかったのだろう。ウサギ、アナグマ、ヘビの捕り方を教わり、その収穫を食べたのだが、さすがにヘビはいただけなかった記憶がある。

中学校時代は父の仕事の都合で新潟県の下越方面に移り住み、休日ともなれば、待ってましたとばかりに、山頂から佐渡島や日本海の眺望が美しい山に、おにぎりと砂糖水（今のように自動販売機やコンビニなんてなかった）を入れた水筒を持っては登りまくっていた。

今、思い返せば地味な少年だった。そのくせ器械体操にも夢中になっていたりして、その時期、吊り輪から転落して片足のひざの皿を割り、あとあとまで悩まされることになるのだが。

大学時代は関東方面にはいたものの、帰省するたびに妙高山に通ってはご来光を楽しんでいた。これまた地味な大学生だった。ときおり山で見かける、恐ろしく大きな荷物を背負った「ワンダーフォーゲル部」なるものにでも所属していてもよさそうだったのに、なぜかそれはなかった。

その後、サラリーマンを二十五年間経験。就いた仕事では海外駐在が長く、最初は遺跡めぐりなどを楽しんではいたものの、いつしかローカルのバスを乗り継いで、現地の人に連れられ、三〇〇〇メートル級の山へと足を運ぶようになっていた。海外での、山小屋に泊まる二泊三日程度の山行は楽しかった。「歩くことが好き」「山が好き」だと確信したのは、このころだったのかもしれない。

名もないその海外の山では、下は熱帯植物、真ん中は広葉樹林帯、上に登るにしたがって「杉」の木に遭遇した。その杉の木に日本を思い出したりしたものだ。三〇〇〇メートル級の山に登頂したときの達成感は、「つらい」「寒い」も多少はあったが、充分に私を満足させてくれた。

上信越の山が語られるとき、深田久弥の「日本百名山」である妙高山と火打山は、位置が近いから比べられることが多く、荒々しい妙高山は男性的、いっぽう火打山は、ゆるやかな稜線を広げているさまから女性的と評されている。どちらも個性がある魅力的な山たちだ。

＊

私は現在その「火打山」にいる。

高谷池ヒュッテは高谷池の南東に建てられていて、小屋の前からは火打山が見られる。小屋の中からの北アルプスの眺望もすばらしい。

この山周辺は日本海に面しているため、国内でも有数の豪雪地帯である。その豊富な残雪が天狗ノ庭、高谷池、黒沢池の湿原をつくっている。高山植物の種類も多く、花が咲く季節には、湿原とお花畑のなんとも美しいようすが見られる。池の水面に映る青い空や雲、秋には草もみじや紅葉など、四季折々の顔で訪れる人を楽しませてくれる。沢などに一年中残る雪は、登山者の喉を潤す飲み物を冷やす天然の冷蔵庫にもなっているわけで、自然はすごい！

われわれの仕事のなかには、登山道の整備もあり、それは木道も含めてなのだが、心ない登山者による登山道の踏みはずし歩きや、なにげなく当たり前のように持っているストックで、年々、道の土が流失したり、尖った金属部分で高山植物が根こそぎ掘り起こされたりの被害が発生している。

たしかにストックは便利な山の装備品なのだが、使い方をひとつ間違えると高山植物や山の土や木道たちには凶器になってしまう恐れがある。もちろん私も使用することがある。急な下り坂、ぬかるんだ道や雪の残る登山道などでは手離せないほど便利だ。

どんな人でも山を楽しむことに条件などはないのだが、ルールは違う。山には山のルールがあると思う。

ごみの持ち帰りはもちろんのこと、植物は採取しない、などなど。たったひとりだけの小さなルール違反の積み重ねが、長い時間をかけてもともとの自然のかたちを破壊してしまう。

*

私は現在五十歳代の前半（二〇〇四年当時）。まだ人生のターニングポイントを過ぎたばかり。二十代には体力まかせの山の楽しみ方があり、三十代には、余裕をもった山行と決断力を覚えた。四十代には何度も同じ山に通っては、木々のようすまでも愛しく感じる心を養った。

今、五十代を迎えて、きっと世の中にいるであろう、私と同じように山を愛し、山に憧れ、山に登らずにはいられない人たちのために、雲上のオアシスをつくりたいと思って日々努力を始めた。山に登ることで五感を刺激され、全身の細胞を活性化させている私と同じ想いをもつ、そんな人のために。

自然は厳しく、ときにはつらいこともあるけれど、「来年もまた来るよ」と山小屋を去った人と、「今年もまた来たよ」と会話が飛び交う。リピーターが多い、そんな山小屋をめざして動きはじめている。

やや猪突猛進型の私にとっては、都会や海外で過ごした二十五年間のサラリーマン生活も決してわるくはなかったけれど、いつのころからだろうか、「いつかは」と山への思いを募らせてきた。それが目標になり、やがては夢になった。

私の持論としては、人は目標や目的、願いや夢があると強くなれるということだろうか。夢はあきらめない。想い続けていたら、いつかはかなう日が来るのだから。まだ夢は始まったばかり。これからも仲間とともに、愛される山小屋をめざしてがんばっていきたい。「山小屋のとーちゃん」にこれからの私の人生をすべてかけるつもりでいる。

高谷池ヒュッテ

妙高・火打山系の中心的存在となっている山小屋。高層湿原が広がっていて高山植物が豊富なことで知られる高谷池に建ち、独特の鋭角な三角屋根が印象的である。名物主人として登山者に長く親しまれてきた簗田博さんが２００３年で管理人を退き、新たに森山健さんが小屋の管理にあたっていたが、２００７年に小屋に向かう途中にケガをし、現在は引退している。

立地＝火打山南東２キロ、高谷池畔。標高２１１０メートル。笹ヶ峰から約3時間　収容人員＝80人　設立＝１９３０年

第三十七話　みゃあらくもんの夢語り

高橋重夫（仙人温泉小屋）

剱《つるぎ》岳の山麓、富山県上市町では、酔狂な、とか、物好きな人のことを「みゃあらくもん」と言うそうである。

縁があって、仙人温泉小屋の切り盛りをすることになった。二〇〇四年が終わって三シーズンが過ぎたので、なんとか山小屋のおやじとしてやっていけそうな気がしている。

埼玉から来て、右も左もわからない富山の山奥で小屋番をしていると、「みゃあらくもんやね、あんたは」と地元の人に言われることがある。

山小屋のおやじといえば、ちょっと変わった男が多い。ただひたすらに寡黙だったり、アル中一歩手前の大酒のみだったり、やたらと理屈っぽくて気むずかしかったりけれど、宿泊を数回重ねてよく話を聞くと、寡黙だったおやじが遭難事故出動回数四百回を超える救助の神様だったり、大酒のみの暴言おやじが、食堂の隅に巣をかまえる蜘蛛を追い払えないほど心根のやさしい人だったりする。

そんなちょっと変わった男の仲間入りをしたのは、五十一歳になったときだった。

五十歳になるまでは、なんとしても実現したいと思っていた夢があった。それは、アイガー北壁を登りきるという夢だった。そのために、一ノ倉の衝立岩《ついたて》、北穂の滝谷、北岳バットレス、黒部の奥鐘山、丸山、八ツ峰などでクライミングの研鑽にいそしんだものである。そのかいあってか、山岳ガイドの案内があればアイガーの登攀は可能に思えた。だが、今一歩のところでその夢は挫折してしまった。思えば、決心をする勇気と身長だけが不足していたのかもしれない。

学校がきらいだった。ズル休みが多くて出席日数が足りなくなった。

「高橋、おまえは落第だ。もう一年通わないと卒業させないぞ！」と、担任の先生に脅かされたりすかされたりして、やっと中学を卒業したものだった。

机に縛りつけられることのなくなった十六歳のときに、単身、北海道を放浪して歩いた。財布には二千円程度しか入っていなかったが、昆布採りの手伝いをしたりして、食うに困ることはなかった。休日にはヒグマの気配が濃厚に感じられる沢でイワナを釣って楽しんだ。そのころからだ、いつかは、山菜が採れて、イワナが釣れる山間の地で暮らしたいという夢を見るようになったのは……。

男には、天職を待望する心情が根強い。自分には生涯をかけるに値する職業が必ずあるはず、現在の仕事は生活のためであり、決して本意ではない、と思い続けている人は多い。

男が安定して力を発揮できるのは、四十代半ばからだと思っている。世の中の表裏を見分けられる眼力と、酸いも甘いもかみ分けられる経験が骨身に染みつくには、そのくらいの歳月が不可欠だと思う。異性に対して冷静に対応できるのも、四十代半ばまでの泣いたり笑ったりした年季を必要とするだろう。

利益などなくてもいい、飯さえ食えればそれだけで充分だ、これこそがおれの天職なのだと割り切って事業を起こしても、赤字続きで借金ばかりが増えていく状況では、夢はしぼんでしまう。家族とのあつれきも増して、一家離散ということにもなりかねない。

転職をするにも独立をするにも、体に余力が残っていなければ成功はおぼつかない。同業種ならまだしも、異業種への進出はよほど慎重にならなければいけない。埼玉から、富山の山奥に建つ仙人温泉小屋の営業権を購入して小屋番をしたいと相談をもちかけたら、家族からも知人からも非難ごうごう。それも無理からぬ話。

不況の風が吹き荒れている建設業の工事を請け負って一千万円の損失が発生していたときなので、資金繰りもなにもあったものではない。自宅を処分して負債から逃れたい、と女房と相談した夜が何日あったか数えきれない。

歯を食いしばって、行き当たりばったりの支払いをすませ、山小屋に乗り込んだのが五十一歳のとき。健康には過剰なくらい自信があったのだが、金銭的なストレスと不慣れな仕事に神経が耐えられなくなって、胃潰瘍を患ってしまった。

住まいが埼玉の所沢なので、小屋の運営は思うにまかせないことが多い。山小屋でアルバイトをしたこともなかったし、宿泊者に提供する料理の手ほどきを受けたこともない。食材の仕入れ先もちんぷんかんぷんの手探り状態だった。ただ、山と渓《たに》を三十五年間歩き続けた経験と、親しい山仲間だけが心の支えだった。

胃潰瘍で苦しんでいるときに、その仲間が見舞いがてら手伝いにきてくれた日のことは今でもはっきり覚えている。新鮮な食料と胃薬を背負って山奥の小屋に運んでくれるのは、登山中に乏しい食料を分け合って、疲労困憊した体をいたわり合って下山した仲間ならではのことだ。

仙人温泉小屋は、営業規模の小さな山小屋なのでアルバイトを雇えるほどの収益はない。すべてをひとりで切り盛りしなければならない。ために、六月中旬に入山すると、十月中旬に下山するまで休日がない。小屋を留守にすることもできないので、街に買い出しにいくこともできない。欠乏品は仲間の背を頼りにするしか方法がないのだ。

初年度は、入山時に六十三キロあった体重が、下山時には四十八キロまで減った。小屋では下血だけだったが、自宅にもどるとすぐに吐血をした。病院に一カ月通うと傷は癒えたが、大酒を飲むと今でも少し胃が痛む。胃潰瘍の激痛は、一日四十本吸っていたタバコをぴたりとやめさせてくれた。が、酒だけはどうしてもやめられそうにない。

酒を飲まなければ、仙人温泉小屋の経営も少しはよくなるのかもしれない。築年数がだいぶ経っている小屋なので、今にも倒壊しそうだし、見てくれもわるい。けれど、十年後ぐらいにはピカピカのログハウスに建て替えたいと思っている。そして、年老いて小屋の経営に体が耐えられなくなったときには、風呂と酒の好きな山男に小屋を引き継ぎたいと思っている。

それが、「みゃあらくもん」の見る最後の夢になりそうである。

仙人温泉小屋

北アルプスの裏劔・仙人谷登山道のなかほどに建つ。上の仙人峠に建つ仙人池ヒュッテが抜群の展望で知られるのに対し、こちらは谷のなかに位置しているので、展望のよさではおよばないものの、温泉の露天風呂に入れる小屋として、全国的にも貴重な存在となっている。2002年から高橋重夫さんが小屋の経営にあたっている。
立地＝黒部仙人谷左岸、標高1450メートル。欅平から約10時間
収容人員＝30人
設立＝1961年

第三十八話　伊東宗右ェ門の思い出

伊東瑛子（餓鬼岳小屋）

小屋を経営しておりました伊東宗右ェ門（幼名邦雄）が、二〇〇四年十一月七日、急逝いたしました。生前、故人に承りましたご交誼に厚く御礼申し上げます。

今後は、私、妻の伊東瑛子が遺志を継ぎ、微力ではございますが小屋を経営していく所存です。

なにとぞ、餓鬼《がき》岳小屋に変わらずご指導、ご鞭撻のほどよろしくお願い申し上げます。

＊

星薬科大学山岳部出身のクライマーでもあった主人は、山に慣れていても山小屋の主《あるじ》としては駆け出しで、岳父はじめ、山小屋の諸先輩に教えをこうての小屋番スタートでありました。

なにより現場での実践を旨とし、厳しい地形ながら強い意志と体力で登山道を整え、中高年登山者でも安全に楽しく登っていただける山として、仕事に誇りをもっておりました。

小さな小屋ではありますが、環境汚染や動植物など自然への配慮も怠りなく、小屋のスタッフにも登山者にも、山を守っていくためのマナーをときに厳しく指導してまいりました。

そのようにして、餓鬼岳をよりよい山とするよう、全力を傾けて小屋の運営にあたってきたのです。

かつては、隣の燕《つばくろ》岳に建つ燕山荘《えんざんそう》にひと晩にお泊まりになる登山客の数が、餓鬼岳小屋の一年分の登山客の数といわれておりました。しかし、山岳写真家の熊澤正幸先生が、そのすばらしい感性で餓鬼岳の勇姿を写真にして、たびたび紹介してくださったこともあり、年々お泊まりいただく登山者の数が増えてまいりました。

一年三百六十五日、小屋のベースとして機能してきた拙宅では、年賀状で夏山登山のご予約をお受けするのに始まり、二月ごろより、電話、ファクス、ハガキでぼつぼつとご予約を承っております。岳へお登りいただく方々との交流も長年にわたって続き、スキーや観光でいらっしゃったときは、必ずお立ち寄りいただいている方も少なくありません。

生前、宗右エ門は、五月初めより雪どけを待って、山道の整備に情熱を注いでおりました。ヒノキの丸太の皮をはぎ、乾燥させ、ヘリコプターで山道の途中数カ所に運び、いつでも道を補修できるようにしておりました。

道の修繕の際は、長さ三メートル、重さ十五キロ以上の丸太を、ヘリコプターで運んだ場所から担いで、一本ずつ作業現場に運びます。作業をして帰りました日は、ひと風呂浴びたあとの体がとても痛ましく思えたものです。

アプローチの長い登山道の草刈りでは、鎌を何丁か持ち、登下山時に下草の手入れをしておりました。家に帰ると、腕が痛み、指も変形しておりましたが、一言も弱音を申したことがありませんでした。

私にできることはお昼のお弁当を用意することだけだったのですが、それに手をつけないで帰る日もありました。食事の時間さえ惜しんでの作業だったのでしょう。

小屋内での細かい仕事にもいろいろ神経を使っておりました。小屋に連泊される方にお出しする食事は同じメニューにしないとか、食器類は陶器を使い、ガラスの食器は透明に美しく洗うよう、スタッフに厳しく申しつけておりました。

さらに、紙のおしぼりを毎食お出しし、布団干し、トイレの掃除、手洗い場の管理など、すべてに細かい指導を徹底しておりました。

現場の一線に立つ経営者が少ない今の山小屋において、囲炉裏を囲んで消灯時間まで物語る主人の山談義は、少し辛口でしたが、同じ山好き同士、響き合えるところがあり、宿泊者には好評だったようです。下山後に、そのようなハガキをたくさんいただきました。これは、主人にとってもお客様にとっても大切なひとときだったのかもしれません。

雑誌などの取材で、なにが宗右ェ門をそこまで餓鬼岳に駆り立てたのか、と問われることがよくあります。三十数年、家業として側面から協力してきた私は、宗右エ門は餓鬼岳を心から愛し、餓鬼岳がいちばん好きな山だったからだと答えています。

わが心の山としていた餓鬼岳。宗右エ門は責任感の強い性格だったため、生涯をかけてこの山を守っていかなければならないという思いもあったはずです。そういうところに人生の哲学や美学を見出す、昭和ひとけた生まれの男らしい生きざまであったと思います。

＊

餓鬼岳小屋に三十年近く勤め、主人と私を長く支えてくださった斉藤紀美子さんもすでに引退されました。この方も、餓鬼岳に心を奪われたひとりです。人間的にたいへんりっぱで、同性として誇れる方でした。長年の労に感謝したいと思います。

また、写真家の熊澤正幸先生に、宗右エ門から、私から、深く感謝を申し上げさせていただきます。

宗右エ門の踏み跡を汚すことなく、これからもその思いを継いで、餓鬼岳小屋を新たに運営していく所存です。ベースでは、三百六十五日、餓鬼岳登山についてのお問い合わせや、お出でいただく皆様のご予約などお待ちしております。

小屋の主任、新宅俊之ほかスタッフ一同、今夏もまた餓鬼岳小屋で、皆様との出会いの日を楽しみに、心待ちにしております。

餓鬼岳小屋

北アルプス・燕岳の北方にそびえる餓鬼岳山頂近くに建つ。登山者でにぎわう燕岳とは対照的に、訪れる人が少なく、昔ながらの北アルプスの姿が残されている貴重なエリアとなっている。小屋の雰囲気も素朴そのもので、大規模で豪華な山小屋が多い北アルプスにおいて、静けさを好む登山者に人気がある。

立地＝餓鬼岳山頂南方直下、標高２６００メートル。白沢三股から徒歩約6時間30分　収容人員＝80人　設立＝１９２０年代

第三十九話　くじゅうに育ち、くじゅうに帰る

弘蔵岳久（法華院温泉山荘）

平成元年（一九八九年）四月一日が、私の山小屋人生第二ステージのスタートの日になった。ここで生まれて五年間の、学校に行くまでが第一ステージであり、二十年間のブランクを経て、山小屋に帰ってきた。途中、学校に通っていたころは、夏休みなどの長期休みが唯一、親といっしょに暮らせる時間であり、それ以外は麓での祖母との暮らしであったり、中学二年からは、大分市内での下宿生活であった。大学生になってからは、アルバイトの場所になり、四十日間のアルバイト代を二日間で飲んでしまったりと、今考えれば、無茶でもったいない生活をしてたなあと思う。

コンピュータ会社に就職し、休暇で帰ってくる都度、両親はだんだんと老いていき、山小屋の生活がつらそうに思えてきた。重い三脚を背負い、どんなに雪があろうと、写真を撮りにいっていた父も、その回数が減り、道づくりの仕事でも、ひと休みするたびに、ため息が出るようになっていた。

よし、帰ろう。決断すれども、決心つかず。半年間アメリカンフットボールのコー

チをしたりと、下界に未練のないように、好きなことをやって四月一日を迎えた。それでも、下界に未練たらたらの私は、夜十時に仕事が終わってから、大分市内まで飲みにいき、眠らず、朝五時には山荘に帰ってきて仕事をした。翌日も同じようにまた出かけた。三日目の夜、山荘から少し下りた所で、ついにダウンしてしまった。そのとき見た星のきれいさに、山小屋で暮らす決心がついた。

＊

ここは、鎌倉時代から続く天台宗の修験場であり、お寺として私は二十六代目にあたる。一八八二年、炭焼きの火が原因で全坊焼失したのを機に、山小屋として生まれ変わり、小屋としては三代目になる。

昔から自噴で温泉が出ていたこともあり、信仰の山から登山の山へと変わってきていた当時、祖父は宿をやる選択をしたのであろう。作物のできにくい酸性土壌の土地で、祖母はひと山越えて毎日麓の畑に行っていたという。今のように運搬道ができ、下界の便利さとまではいかないまでも、たいして苦痛に感じない荷揚げが可能な私からすれば、その苦労は推し量ることすらできない。

一九六四年、別府・阿蘇有料道路（通称やまなみハイウェイ）ができてから、登山者は劇的に変化する。山荘から二時間ほどの場所に登山口ができ、日帰りを含めて、山は大にぎわいを見せる。それまでは九重《くじゅう》連山の南側の登山口がメインであったのが、北側の長者原《ちょうじゃばる》が玄関になってしまった。山荘も、廊下に寝る人を含めて、最盛期にはひと晩で四百五十人も宿泊していたという。

そのころ若手でよく登ってきていた方が、四十年間の時を経て、最近よく来られる。仕事をリタイアし、子育ても終わり、やっと時間が取れるようになったときに、もう一度訪れてみたい場所なのだそうである。

＊

山の最盛期は夏と思われがちだが、最近は春・秋の気候のよい時期の分散型になってきている。春にはミヤマキリシマを見に、秋には紅葉を見にと、暑い時期を避け、また、夏は本州の高い山に登れるシーズンでもあるため、九州の夏はけっこうゆっくりとしている。雪の量が少なくなった近年は冬の登山者も増えてきている。

ただ、通年営業はやっぱり厳しい。二月の一カ月間の宿泊者数は、六月の最盛期の一日の宿泊者数とさほど変わらないし、雨多く、風強い場所のため、小屋の維持が大変で、小屋開けの除雪の心配などはないが、燃料の運搬や、登山道・運搬道の整備、登山者の捜索や救助と仕事に終わりがなく、次から次とやることが山積みになってくる。天候と相談しながらの外作業だが、二〇〇四年のように台風が頻繁に来襲する年は、宿泊のキャンセルが相次ぐわ、作業は増えるわで、別の意味で忙しい年であった。

山小屋で暮らすということは、そういうことであり、いやなら下界に下りればいいわけで、折り込みずみのはずであるが、ため息の出る年であった。一九九五年には、硫黄《いおう》山の水蒸気爆発で、紅葉のいい時期に全山入山禁止となり、陸の孤島状態も経験したし、多い年には事故による死亡者を四度も担いで下りたこともあった。最近は、救助ヘリの活躍で、直接担ぐことは少なくなったが、以前のサラリーマン生活では、およそ経験しないであろうことが多いのが山での生活である。

でも、いろいろな人と出会え、花を覚え、星を観て、天候と相談し、すばらしい自然のなかできれいな空気を吸っている生活は、望んでもできるものではなく、苦労などないに等しい最上の生活なのかもしれない。

一九九一年に結婚して、一男二女にも恵まれ、両親とも健在である。子どもといっしょに暮らせない寂しさはあるが、これも、子育てではなく孫育てがふつうのわが家なので、私たちも孫育てができる日を今から楽しみにしている。苦労の多かった山小屋生活から孫育てのために麓に下りる時期に、父・母ともに大病をして、リハビリの身であったが、孫との生活が張りとなり、元気に暮らしている。

先代を慕って訪れる登山者もまだまだ多いが、私たちの代で新たにおつきあいさせていただくようになった方も増えてきた。これも、このくじゅうの変わらぬ自然がなせるわざである。町の生活から山のなかでの生活になった家内のストレスも相当なものであったろうが、最近では、家内のほうが積極的に山小屋生活に取り組み、楽しもうとしている。うれしいかぎりである。従業員も人は代わるけれど、人材に恵まれ、忘れたころに懐かしんで訪ねてきて、手伝ってくれる。私は本当に恵まれているなあとつくづく感じるときである。

＊

「山登りはくじゅうに始まりくじゅうに終わる」という言葉がある。くじゅうでスタートした山登りがやがて、アルプスや海外の高峰に行くようになるが、最後はやはりくじゅうに帰ってくるという意味である。どこか懐かしく、やさしくて、川端康成氏が言ったように、なまめかしい山が九重連山である。冬にはどこにも負けないような厳しい面も見せてくれる。

そんな山々に囲まれ、これからも、細々ながら山小屋を続けていこうと思う。自然のあるべき姿をつねに考え、人との調和を模索し、天恵に感謝し、それをみんなに分け与え、訪れる人がなにかしら元気になって帰っていく山小屋にしたいと思っている。まだまだ発展途上。自然も小屋も人間も。

法華院温泉山荘

1324（正中元）年に十二所大名神が祀られたのが法華院の始まりとされる。その後、修験道場が設立され、法華院白水寺と呼ばれていた。明治時代に24代当主の弘蔵孟夫氏が登山者向けの山小屋として営業を開始した。

立地＝九重・坊がツル、標高1303メートル。長者原から約2時間

収容人員＝240人　創立＝1882年

第四十話　拝啓　真砂沢ロッジより

佐伯成司（真砂沢ロッジ）

私、二〇〇三年より、剱岳南面に位置する剱沢大雪渓真砂沢《まさご》出合にて、登山者のためのオアシスを営んでおります佐伯成司《まさし》と申します。

昔から、山小屋というものはご先祖様より子々孫々へと引き継がれ繁栄してゆくものと決まっているようですが、私の場合は先祖が山小屋を営んでいたというわけでもなく、ただ単に、山が大好きである、この気持ちが募りに募って、ついには縁あって、山小屋の主《あるじ》となった次第でございます。

弱輩の新参者ではございますが、私も登山をするがゆえ、登山者の皆様がおもちの山を愛する気持ちと同じ気持ち、山小屋はこうであってほしいと思う心で、思いっきり胸を張ってがんばっております。

＊

それでは僭越ながら自己紹介をさせていただきます。

日本経済絶頂のバブル期に、ＪＡ（旧農協）職員や建設会社の現場監督、建具職人として社会人生活を送るかたわら、山岳会へ入会し、仕事の休みをよくとって冬山登山や岩壁登攀に没頭。ついには登山が本業となってしまい、現在は山小屋経営と山岳ガイドの二足のわらじを履いております。

過去を振り返ると、長期海外遠征登山（ナンガ・パルバット〈八一二六メートル〉、ガッシャブルムⅠ峰〈八〇六八メートル〉、マッシャブルム〈七八二一メートル〉ほか二回、デナリ〈六一九四メートル〉八回、マッターホルン等々の成功を夢見てのハードトレーニングと体調管理の厳しさなど、さまざまなことが思い出されます。今から振り返るとよくぞ五体満足で命があったものだと、親と妻に感謝する日々です。

また、山小屋修理のほとんどのことを自力でできるのは、会社員時代に身につけた電気、水道、建築（建具を含む）等の技術のおかげであります。

自己の登山活動としては、春には利尻《りしり》山や東北エリア・糸魚川の頸城山塊に約一カ月の登山をしております。

山岳ガイドとしての活動は、山小屋を始めてからは夏・秋山は不可能となり、山スキーガイド（約九十日）、岩や冬山ガイド（約三十日）になります。剱岳はもちろんのこと、当山小屋周辺の三ノ窓雪渓や長次郎谷、剱岳八ツ峰Ⅰ峰の三ノ沢上流右岸の東面スラブ（三スラ）の新規ルート開拓と整備もしてきました。また、ビバークでのロングコースのガイド山行を精力的に行なってゆく予定であります。

＊

では続いて本題、真砂沢ロッジについてお話しさせていただきます。

真砂沢ロッジは小規模の山小屋ではございますが、付属仮設施設として、立《たて》山・別《べっ》山《さん》の岩間より大量にあふれ出る清水を利用した風呂がございます。

また、小屋周辺の登山道の整備はもちろんのこと、宿泊されるされないのいかんにかかわらず、周辺登山道についての情報を、要求されるすべての登山者の皆様に対して提供しております。

登山道整備に関しては、二〇〇四、二〇〇五年の台風や大雨による水害でたいへん大きな被害を受けた「真砂沢ロッジ～ハシゴ谷乗越～内蔵助平《くらのすけだいら》～黒四ダム」のルート整備の困難さたるや、言葉に表わすことのできないものであります。

しかしながら私は、ハシゴ谷乗越からの剱岳南面の大眺望（とくに朝日に染まってピンクに輝く八ツ峰Ⅰ峰マイナーピーク東面スラブ）や新緑や紅葉の美しい内蔵助平を登山者の皆様に見て感じていただきたくて、ツエルト持参でルート整備を行なっております。今後は、知る人ぞ知る黒部別山のルート整備も計画しております。

仙人池、池ノ平、近くに日本初の氷河が認定された三ノ窓雪渓、小窓雪渓、長次郎谷の熊ノ岩から見る八ツ峰、源次郎尾根など、当小屋の周囲には見どころ、登りどころ、歩きどころ、写しどころがいっぱいです。
これからもこの登山者の小さなオアシスをどうぞよろしくお願いいたします。

追伸

二〇〇五年のある夏の日。それまで見かけたことのなかったオコジョが一匹、突然真砂沢ロッジに現われました。

その日は雷鳥《らいちょう》沢のテント場から真砂沢のテント場へ移動してきたパーティがいたので、おそらく雷鳥沢にて彼らのザックにこっそり忍び込んだオコジョがボッカされて真砂沢ロッジへやってきたのでしょう。

そのオコジョは人間と接した経験がなかったのでしょうか。テント場の空き缶入れの中の缶の掃除をしている私の周囲をウロウロし、ついには手を伸ばせばさわることのできるくらい近くまで寄ってきました。

空き缶入れの中には飲み残しの甘いジュースや果物の缶詰の汁がいっぱいあり、それらに誘惑されるがままの行動であったようです。

さて困りました。オコジョは山小屋にとって天敵動物のひとつです。

小屋閉め後、雪の下に完全に閉ざされて静かな眠りにつく真っ暗な真砂沢ロッジの建物の中で、寒さと飢えに耐えかねて布団を汚したり、食料品を食い散らかしたりします。また、室内の電気の配線コードを噛みちぎります。布団、食堂の清掃・消毒など、後始末が大変です。それとともにオコジョの駆除が必要です。

もう仕方ありません。小動物捕獲器で捕獲することにしました。

オコジョの大好物のひとつの油揚げをエサにして、オコジョがうろついていた空き缶入れの周辺に捕獲器をセットしました。そしてその翌朝――捕獲大成功！　案外、容易に捕まりました。

しかし捕まえたオコジョを見ながら、さてこのオコジョ、どうしようか。と、しばらく悩みました。

そのときふと、以前、ハシゴ谷乗越でビバークされた登山者の、夜中にオコジョを見たという話を思い出し、結局、ハシゴ谷乗越付近で自然のなかへ返してやりました。

このオコジョに、人間に対する警戒心が生まれることを祈って……。

＊

ここで標語をひとつ。

「パッキングは　手早く、オコジョを　入れぬよう！」

登山者の皆様、ザックの中はきちんと整理して、知らぬ間にオコジョのボッカをしていたということにならぬよう、充分注意してください。

真砂沢ロッジ

北アルプス・剱岳の中腹、剱沢雪渓を下る道と、黒部ダムからの道が出合う場所に建つ。谷の底のような場所で、冬季は豪雪に埋もれるので、倒壊を防ぐための石垣に囲まれた特異な外観をしている。源次郎尾根や八ツ峰に近く、夏季のテント場は、これらのルートを登る大学山岳部パーティなどでにぎわう。なお、佐伯さんは家庭の事情で経営を退き、現在は坂本心平さんが小屋番を務めている。
立地＝剱沢・真砂沢出合、標高1780メートル。室堂から約5時間
収容人員＝40人
設立＝1960年

第四章　山小屋をめぐる人々

第四十一話　登山者と小屋番

河村正博（塩見小屋）

私が南アルプス池ノ沢小屋に入った昭和四十年代前半、登山者といえば、学生山岳部やワンゲルの人たちでした。若い人が多く、いろいろな出会い、別れがあったなかで、現在でも交流が続いている人もいます。

当時でも、稜線に登山者があふれている場所もありましたが、私のいた大井川の奥まった小屋は、年間三十〜五十人ほどの宿泊者にすぎませんでした。

そのなかには、複雑な家庭環境に悩んだり、家庭に問題を抱えている人もいたり、いわば、山は、一時の逃げ場であり、人生を考える場所でもあったように思われます。もちろん、純粋に山が好きで歩いている若者も数多くいました。重い荷を背負い、ただひたすら歩き着いたとき、発電機の音ではなく、煙のにおいのする小屋、そして風景、これはきっと本当の安らぎではなかったでしょうか。営業とはほど遠い小屋ではありましたが、人とのふれあいという点では、奥深いものがあったように思います。

そして千枚小屋に移り、以前の、登山者か居候かわからない山ヤさんばかりの小屋とは違い、七月二十日も過ぎれば、日に十数人の宿泊者を迎えることもありました。

それでも今にして思えば、素泊まりのみのため、登山者とのんびり山談義に花を咲かせたり、また、天気のわるいときには停滞する人も多かったため、お互いの山に対する想いや夢を語り合うことも少なくなかったように思います。

あるとき、若い男女の登山者が、騒々しくラジオをかけながら登ってきました。よく見ると、女性は両手にハンカチに包んだお菓子を持っています。不思議に思って尋ねると、途中で出会った登山者が熊に遭ったと言うのです。そのため、熊よけにラジオをかけ、出合ったときに次々に置いて逃げるお菓子を用意して、こわごわ登ってきたとのこと。当時、椹島からのコースには、二カ所に熊を捕る檻があり、私もボッカの途中、しばしば出合いました。今では登山者も増え、このようなこともまれになったようです。

また、七月のある日、初老の、とくに品があるわけではないけれど、なにか自然のなかにとけこみそうな雰囲気をもった、ひとりの男性がやってきました。今では中高年登山ブームでめずらしくもないですが、当時、しかも夕暮れ迫るころの単独行、少し気になりました。

明くる日はあいにく雨でした。次の日もその次の日も雨。日程に余裕があるので、晴れるまで停滞すると言います。ほかに登山者もなく、ストーブを囲んで、ときおり薪のはぜる音を聞きながら食事をし、これからの縦走のこと、今まで登った山の話、都会のアパートでひとり暮らしをしていること、別に家庭に問題があるわけではなく、ただ自由に山旅を楽しみたいことなど、ポツリポツリと静かな口調で話していました。そして、ストーブの火が弱くなること、ふともらした言葉が今でも心に残っています。

「ぼくはね、先が見えてきたら山に入り、這松の下で人知れず土に返るんだ」

残り火に浮かんだ横顔がなんとも穏やかで、私もなにも言えず、ただうなずくだけでした。

一週間ほど、薪割りなど小屋の手伝いをしてもらい、晴天の日、赤石岳《あかいし》に向かって出発していきました。赤石小屋の小屋番とも話が合い、その小屋番は、小屋を下りたあと、男性のアパートにも出かけていったということです。

夢をいっぱいもらい、五年間過ごした千枚小屋をあとに、また新しい夢を追って建てた塩見《しおみ》小屋。二〇〇二年でもう二十五年が過ぎようとしています。ここでもいろいろな人との出会いがありました。

ひとりは、ある大学の先生で、池ノ沢小屋時代からの方です。毎年、塩見の小屋に一週間ほど滞在するのですが、頂上に行くわけでもなく、登山者と雑談したり、朝夕散歩を楽しんだりして帰っていくのです。その先生も、数年前から便りだけになってしまいました。百名山ブーム、自然志向、新しい林道の開通により、騒々しくなった岳《やま》を避け、きっと静かな山を楽しんでいるのでしょう。

また、こんな登山者も印象に残っています。五、六年ほど前のことでしょうか、老夫婦の方でした。手紙も何通かいただきました。そのときは、熊《くま》ノ平《たいら》まで行く予定で、ちょっと立ち寄ったと言うのです。少し小ぶりのキスリングを背負い、話していると、言葉の端々に、山を愛する気持ちが表われていました。奥様も品のよい方でした。

「もう歳ですから、皆さんに迷惑をかけてはいけないので、これが最後の縦走です。もうお会いすることもありませんね」

このひと言ふた言に、私の胸にこみ上げるものがありました。去っていく後ろ姿を、天狗ノ尾根に消えるまで見送りました。小さな出来事ですが、三十五年間の小屋番生活での、心に残るひとコマです。

最近、年配の登山者が多くなりました。しかし、老いの美しさを残していく人はあまり見かけません。少し寂しい気がします。元気すぎるのかもしれません。

山登りも変わってきました。百名山にこだわりすぎ、目前にあるすばらしい山には目もくれず去っていく人、二度と同じ山には登らないと豪語（?）する人もいるくらいです。今日、中高年の登山ブームが長く続いています。みな、下界の生活により近く、不便さをきらい、快適な山旅を求める。わるいことではありませんが、ちょっと違うのでは、と思います。山では山でしか楽しめないことがいくらでもあるはずです。

青い空に白く輝く雲の行方を追うと、なにか不思議と、過ぎ去った楽しいことばかり脳裏に浮かんできます。苔むした原生林に入れば、獣道を動物たちがどんな顔をして行き交っているのか、想像するだけで楽しいものです。こんなことも山でしか楽しめないことのひとつかもしれません。

このような山旅をするのに、食事が多少粗末であろうと、トイレが水洗でなかろうと、大きな問題ではないでしょう。シーツ、枕カバーがほしいという登山者も見受けられますが、自分のタオルやシュラフカバーを使用すればすむことです。必要以上に登山者の要望に応えていけば、必ず引き換えになにか大事なものを失っていくような気がします。

最近の傾向として、昔では考えられないようなことが起きています。個人グループ、ツアー、山岳会いずれも、疲労した人や体調のわるい人をひとり小屋に預け、登山を続行するパーティが増えています。しかしこれは、自分たちのパーティは自分たちでまとめるという、登山の基本を簡単に放棄しているのではないかと思います。弱いものが切り捨てられていく現代社会、せめて山にいる一時くらい、助け合っていくやさしい気持ちがほしいものです。

ここ数年、ナナカマドの葉の色が飛び、輪郭がわからなくなるような紅葉が見られません。遠くで眺めてみれば、いかにも色づいて見える岳樺や山桜の葉も茶色っぽく枯れています。これもたしかに、自然環境の変化を表わしているのでしょう。また、夏山本来の、朝晩は冷え込み、日中は暑く、午後遅く夕立といった天気が少なくなり、はっきりしない日が多くなってきています。冬は冬で、昭和五十年代には零下三十度近くまで下がったのが、最近ではせいぜい二十二、三度くらいと、確実に地球温暖化が進んでいます。

山に憧れて小屋を始めたころ、登山者を待ちわび、ストーブを囲みながら山の話で夜を明かしたこと、あるときは、寒くていっしょに足踏みをしながらいつまでも夕焼けを眺めていたことを思い出します。そして、霧のなかに消えていく登山者に「元気で。サヨナラ」と言うと、声も体も霧に吸い込まれていく、こういう切ない気持ちにさせてくれる登山者も少なくなってきました。一抹の寂しさを感じるこのごろです。

今、午前四時三十分、ここは山里のわが家、しし座流星群が盛んに流れています。横では、ムササビがしきりに鳴いています。数年前も塩見で流星群を見ていました。懐かしく思い出しています。

塩見小屋

塩見岳の西方鞍部に建ち、営業小屋の少ない南アルプス中央部では、貴重なベースとなっている。小規模ながらも家庭的な雰囲気が魅力の小屋で、森林限界を超えているので、眺望もすばらしい。水の便はよくないが、限られた条件で快適かつ自然にやさしい小屋を運営するための工夫がこらされている。なお、2015年に建て替えが行なわれ、2020年現在は岡和宣さんが管理人を務めている。

立地＝塩見岳北西、標高2760メートル。塩川から約10時間、鳥倉林道から約8時間　収容人員＝40人　設立＝1977年

第四十二話　山の哲人

星　美知子（両俣小屋）

山は雄大である。また、厳しくもあり、やさしくもあり、冷たくもあり、温かでもある。とはいえ、山はただそこにあるだけだ。人間の勝手な思い込みで悪魔にもなり、天使にもなる。人間の勝手な評価を自由にさせていて少しも動じないから雄大だともいえる。

その雄大な山の懐に住まわせてもらって二十五年以上が過ぎた。メインルートからはずれている小屋なので、訪れる人は少ない。六月半ばから十一月三日まで、だいたい六百人の宿泊客と五百人の幕営者が利用するだけ（二〇二〇年現在、営業期間は六月一日から十月三十日まで）。訪れた人たちがまず言うことは、「静かな所ですね」だ。

ときは百名山ブーム。

山を登る目的をもつことは決してわるいことではない。ただ、中身が問題ではなかろうか。百座登り終えたとき、達成感よりも空虚な気持ちになるのではないかと思えそうな登り方をしている人が目につく。なぜなら、自らが計画を立てないで、ただ人のあとについていっているだけの人や、明日、自分がどのルートでどんな山に登るのかさえ知らない人もいるからである。

「自分と山」というテーマを考えつつ登れば、山はきっとやさしく答えを出してくれるだろうし、生きていくのに必要な思想も与えてくれるだろうに、と思うのだが。

そんななかで、両俣小屋を訪れる人のなかには、こんな人たちがいた。

山のなかにいることを楽しむ派とでもいう人たちである。外国の人に多いのだが、小屋やテント場に着いたらのんびりして、小屋の人やほかの登山者とゆっくりおしゃべりをする。「どうして日本の人たちは、朝早く起き出して、夜はさっさと寝るのだろう。五時ごろから寝ちゃう人もいる。山に来て楽しいのでしょうか。ニュージーランドでは、夕食がすんだら十時くらいまでみなでお酒を飲んだり、お茶を飲んだりしながらいろいろ話をして過ごします。朝も、七時前に起きる人はいません」「アメリカでは、週末にロッキーに行く人は多いです。でも、ピークには行きません。ふつうの人たちは行けないのです。ピークはクライマーが行く所なのです。私たちは山のなかでちょっと歩いてのんびり過ごすだけです」「野呂川越にテントを張っています。水を汲みにきたら、こんなによい所なので、これから行ってテントを取ってきます」

言葉がうまく通じないところがあっても、彼らは日本の山で遊んでいる。

楽器を懐に入れてくる人もいる。

私が始めたばかりのハーモニカの練習をしていると、「こんな所にも同好の士がいるとは」と言いながら到着した人がいた。テントを張るのも忘れて、ザックから取り出したのは、ずだ袋。中には、十本ほどのハーモニカ。早速吹きはじめた。うまい。聞けば、老人ホームなどの慰問にも行っているとのこと。薄暗くなるまで演奏は続き、小屋泊まりの人も、幕営の人も、一様に新鮮な感動を味わったものである。

そのほか、オカリナやギターを持ってくる人もいるし、常連さんが預けていったキーボードも小屋にはある。鳴らしたい人が来れば貸している。

外国の人たちも、楽器とともに山を登っている人たちも、ともに、抜群の体力をもっている。小屋に着くのも早いし、余計な荷物を持っても苦にならないのだから。ハーモニカの人は、トライアスロンもやっているとのことだった。

ふだんから体を鍛え、山に来ても人と語らう時を大事にし、音楽を楽しむ余裕ももつ。哲人への第一歩ではなかろうか。

それから、粛々と山を登る派とでも言うべき人たちもいる。

この人たちは、余計な自慢話もせず、だからといって決して無口ではなく、よく話す。しかも言葉づかいはていねいだ。ていねいな言葉づかいというだけでも哲人である。

八十歳で単独行の人が、仙丈《せんじょう》ヶ岳から到着した。十一時を少し過ぎたくらいの時間だ。ほぼコースタイムどおりである。着いてすぐ、「ビールを一本いただけますか」から始まり、「ではちょっと休ませていただきます」と休養に入り、目覚めたころに後着の人たちがいて話を始めたけれど、そのふたりがバテていると見るや、静かに外に出て微笑みながら散策に入る。荷物もきちんと整理してある。夕食のときも、声高に話す人に好きなだけ話させておいて、ときおり感想を述べたりしていた。

「おいしい夕食をありがとうございました」って拝まれちゃった、とアルバイトの女の子がびっくりした顔で報告してきた。翌朝は快晴で、すがすがしい空気のなかを、さらにすがすがしい空気をふりまきながら、八十歳の単独行者は大股でかくしゃくと、次の宿泊地の熊ノ平に向けて歩いていった。

その後、ほどなくして、ハレー彗星の記念切手を貼った礼状が届くことになる。哲人とはこういう人を称する言葉なのであろう。

また、ある大学のワンゲルのパーティが来た。五人パーティで、全員が茶髪か金髪である。ちょっと一歩引きたくなる風体であった。

なかなか幕営の申し込みにこないパーティが多いなかで、到着するとリーダーがひと言ふた言話をしたあと、すぐに来た。わからないことは、はっきりした口調で聞いてくる。ちゃんと「です」「ます」調で聞いてくる。

感心していたが、もっとびっくりして感心したのは翌朝であった。表戸がガラッと開き、リーダーが顔を見せた。

「ひと晩テント場をお借りしましてありがとうございました。これから出発します」

と言ってくるではないか。あわてて外に出てみると、全員ザックを背負ってそこにいて、ペコリと頭を下げる。

「気をつけて行ってらっしゃい」

「行ってきまーす」

会話がそこに自然に生まれた。

彼らは哲人予備軍といえよう。むしろ、見た目で最初にある判断をした私などは、まだまだ哲人にはほど遠い。

両俣小屋

南アルプス・北岳の西、野呂川源流の山深い谷間に建つ。仙丈・甲斐駒という二大人気山域の狭間に立地し、両山域を縦走する登山者には貴重なベースとなっている。

立地＝野呂川上流、標高２０００メートル。野呂川出合から約2時間30分

収容人員＝30人

設立＝１９２４年

第四十三話　徳本の住人

今川剛之（徳本峠小屋）

徳本峠《とくごう》に至る島々谷の道、そして白沢出合からの道は、峠に近づくにつれ、濃い緑から目にもまばゆい薄緑に変わり、雨上がりの朝など、息をのむほど美しい。葉についた玉のような水滴さえも、手にふれるたびにその心地よさがうれしい。

花もまた、麓のほうから峠に向かうほどに、その色は次第に濃さを増し、種類も多くなる。霞沢《かすみざわ》岳に近づくと、クロユリ、サクラソウ、キンポウゲと続き、私の好きなキヌガサソウも咲き出した。その花の白さと、花弁の数と同じ枚数の緑の葉の対比が、なんとも形容のできない気高さである。

この小屋は、泊まりの人数は三十人と小さな小屋なのだが、小野田くん、佐和子さんのふたりがいっしょに働いてくれている。気心の知れたもの同士なので、小屋の中のこと、外の仕事、登山道の整備、登山者のお世話をするときにも、和気あいあいとした雰囲気で行なえて心がなごむ。

小野田くんなどは、下に荷を取りにいくときなどまるで遠足気分。つい、私までもが童心に返ったような気持ちになり、佐和子さんの作ってくれる心のこもったおにぎり持参で、ルンルン気分で出かける。ところが、帰りの登りが大変。小野田くんも、私と同じサイズの背負子に荷物を結わえる。最初から無理をしてたくさん背負うなと言うのだが、若さが武器と言わんばかりに立ち上がる。こちらも負けてはいられない。意気込んで歩き出すのだが、どうも彼との歳の差だけはいかんともしがたい。

道すがらで、腹ごしらえの弁当を食べるときはなによりの楽しみ。道のかたわらに咲くエゾムラサキなどにほっとした気持ちになり、噴き出す汗が塩に変わるのさえも忘れてひと休みをする。

小屋まではもうひとふんばり。いっちょう行くか。つづら折の道も通い慣れればさして苦にならず、「残り○カーブ」と声をかけあいながら進む。小屋に近づくにつれ、標高が上がり、吹く風も心地よく感じられる。小屋では、留守番の佐和子さんが部屋をきれいに片付け、食事の準備も整えてくれている。なにげないお茶とおやつ、そしておお帰りなさいというひと言だけでも、荷を揚げてきたふたりにとっては、疲れも吹っ飛ぶ思いである。

小屋は古くて天井も低く、電気もない。登山者には、せめて布団だけでも温かなものので休んでいただきたいと、天気のよい日は三人で布団干し。梅雨の合間に晴れ上がった日の仕事は、なにをしても気持ちがいい。たまたまそういうときに訪れた登山者は、登りの疲れも少しはやわらいでいただけるのだろうか。

小さな山小屋、時代物の建物、それを売りにしているわけではないのだが、時を経て何度も訪ねてきてくださる登山者がいる。これは本当にうれしい。それほど飲めないけれど場は好きなため、酒でも飲みましょうとなる。昔のように、遅くまで唄を歌ってという楽しみはないものの、消灯時間まで大声を出さずとも楽しむことはできる。

島々谷から、白沢からと、毎年のように絵を描きに訪れてくれる夫婦がいる。ある年の正月、白沢を登り、峠には着いたものの、小屋が見当たらないと、引き返されたという。これは、冬のルートを直登して霞沢岳に至る鞍部に出てしまったためで、そこから小屋まではたいした距離ではないのだが、それに気づかず、もどられたのだ。そのとき、私は小屋にいたのだが、のちに話を聞き、何事もなくてよかったと思ったものだ。これがご縁で、その後たびたび小屋を訪れてくださり、そのときの話におよぶと、おふたりは顔を見合わせてうなずきあっておられる。

また、Tさんというプロガイドの方も、あるときは明神から、またあるときは八右衛門沢からと、登山者とともに足繁く登ってこられ、入口の戸を開けてニコッと顔を出してくれる。

中京からテント泊まりで来るHグループ。この連中と来たら、すごい荷をザックに詰め込んでくるスイカは出るわ、五百ミリリットル缶のビール一ケースは出てくるわ。それを周りのテントの人たちに分けている。翌朝は、さらに荷が重くなる。空き缶はもちろん、小屋で出た空き瓶まで背負い下ろしてくれるのだ。このほかにも、全国からさまざまな方が訪れてくださる。遠方からわざわざ時間をかけて来てくれると、ことのほかうれしい。

ほとんど仲間のような常連もいる。H君など、小屋開けから小屋閉めまで、草刈り、道直しをしながら、自分の飲むビールを担いでやってくる。薩摩のI、茅野市の某などは、その存在感だけでもありがたい。私が小屋にかかわる前から通ってこられた常連の方は、段取りがわかっているため、忙しいときなど、なにも言わずとも着々と仕事を手伝ってくれている。私と同じ郷里に住むM君も、ことあるごとに手伝いに来てくれ、会えばけんかもするのだが、小屋の仲間としてはずすわけにはいかない。みな、気のいいことでは人後に落ちない人たちばかりだ。

宿泊の登山者がいないときなどは、登山者の方や自分たちが危険や困難なく登り下りができればと、仲間と道直しに取り組む。根付きのいい草の種を干しておいて崩れた斜面に蒔くと、やがて根が付き、近くのクマザサも根を伸ばしてきて斜面も落ち着き、いつの間にか種々様々な花が見られるようになってきた。

春から冬の初めまで、季節ごとに花を見ながら、ときには雨に遭いながら、登山者が、この小さな小屋のランプの下に集まってくれる。傾きが目につく小屋ではあるが、大勢の人たちに、登山者の皆様に支えられて、どっこいいまだ倒れずである。

昔から幾多の人たちが越えてきた徳本峠。梅雨の季節、雨上がりの滴るような緑、夏のスカッと晴れわたった青空の下での花々と、その折々に私たちの心をなごませてくれる。六月下旬の今、小屋の周辺には、今がいちばん美しいと思われるコイワカガミが咲き誇り、登山者の目を楽しませている。

徳本峠小屋

古くから利用されていた北アルプスの徳本峠に建つ。歴史を感じさせる趣、昔ながらの雰囲気、峠からの穂高の大展望にひかれて、何度も通う登山者も多い。今川剛之さんは1997年から2005年まで小屋番を務めた。なお、2010年には小屋の建て替えが行なわれた。立地＝徳本峠、標高2135メートル。島々から約7時間、上高地から約3時間30分　収容人員＝24人　設立＝1923年

第四十四話　鬼が守る山

五鬼助義之（前鬼宿坊・小仲坊）

私が生まれ育った奈良県下北山村前鬼《ぜんき》は、約千三百年前に、修験道の開祖・役小角《えんのおづぬ》の脇士の二匹の「鬼」であった「前鬼」「後鬼」が棲み付いた地である。

この二匹の鬼は夫婦の鬼といわれており、夫の名である「前鬼」が地名として残ったものである。その二匹の鬼には五人の子どもがおり、それぞれ鬼上《きがみ》、鬼童《きどう》、鬼熊《きぐま》、鬼継《きつぐ》、鬼助《きすけ》と名乗っていた。その後、これら五人の子どもが役小角の教えのとおりに、修験者の道案内などのお世話を行なうために、それぞれ中ノ坊（鬼上）、不動坊（鬼童）、行者坊（鬼熊）、森本坊（鬼継）、小仲坊《おなかぼう》（鬼助）の五つの宿坊をかまえることとなった。

この五つの宿坊は、綿々と教えを受け継ぎ、修験者のお世話をしていたが、時代の変化とともに、中ノ坊・不動坊・行者坊の三カ坊が明治時代の終わりごろに前鬼を去っていくこととなり、残った森本坊・小仲坊の二カ坊で前鬼の伝統を受け継いでいくこととなった。ところが、その森本坊も一九六三年にとうとうこの地を去ることとなり、現在では私ども「小仲坊」を残すのみとなった。

＊

五鬼助義之《ごきじょよしゆき》――それが私の名前である。「鬼助」の上に「五」をつけて名乗るようになったのは、明治の初めからと聞いている。苗字登録開始の折に、五軒ともそれぞれの名前の上に「五」をつけ、届けたのである。名前の「義之」にも前鬼・後鬼に所縁《ゆかり》があり、役小角から、前鬼には「義覚《ぎかく》」、後鬼には「義賢《ぎけん》」の称号を授かったことから、千三百年前から男の子が生まれると「義」の字を必ず名前のはじめにつけることとなったのである。

さて、この前鬼の地は、今でこそ国道からりっぱな林道が続いており、たいへん便利になったが、私が子どものころにはそんな道などなく、麓の村から、尾根を三つほど越える延々と続く山道を歩いていかなくてはならず、お弁当を持っての一日がかりの山行であった。

もちろん前鬼の地には、近くに人家などないので、同年代の子どもとの交流もなく、小学校に入学するまでは、一歳下の妹が私の唯一の遊び相手であった。遊びも、大自然のなかで、セミ、トンボ、ヘビなどの生き物や草木がおもちゃであった。

セミやトンボは、糸をくくりつけて飛ばした。ヘビは、尻尾をつかんで持ち上げると首をもたげてくるので、ポンと手を下に振ると首を下げる。ただそれだけのことなのに、楽しくて何度も繰り返したものだった。また、木登りや、木の皮をはいで遊ぶのも楽しかった。あるとき、ハゼの木とは知らずに木の皮をはいで遊んでいたら、その日のうちに全身がかぶれてしまい、叔父に背負われて山を下り、村の診療所まで連れていってもらったこともあった。

六歳になると、小学校に通うために、隣村の伯母の家に預けられることになる。山を下りての生活は生まれて初めての経験であった。その当時、伯母夫婦には子どもがいなかったこともあり、たいへんかわいがられ、中学卒業まではそこで過ごすこととなった。

しかし、夏休みや春休み、正月など、長期の休みには、山道を歩き、前鬼まで帰った。いつもは叔父や男衆さんたちとともに山道を歩いていたが、中学二年のときに、初めてひとりで前鬼まで帰った。

このとき、山の中腹まで来ると、下から大きな猪が一頭、こちらに向かって登ってきた。私のほうが風下にいたらしく、猪は私の存在にまったく気づかずに、三十メートルほど近くまでやってきた。その猪に「ホイ」と声をかけると、よほどびっくりしたらしく、一目散に逃げ出した。これも少年時代の出来事として、今でも懐かしく思い出される。

*

前鬼の四季はそれぞれにすばらしい。春はミツマタの花から始まり、山桜・シャクナゲ・アケボノツツジ・シロヤシオと移ってゆくさまは、私の心をなごませる。夏は緑が濃くなり、草木も元気に伸び、草刈りに追われる日々で、私の仕事が増えるときでもある。そして、秋の紅葉を迎えると次に控えている冬はまた厳しい。前鬼では雪はそれほど積もらないのだが、とにかく凍てる。マイナス十度になることもたびたびで、水は凍り、突然、音が消えて静まりかえる。

こんな前鬼を私は愛している。すばらしい所だと思っている。これからもずっと守り続ける所存である。幸い、家族の協力もあり、息子も私のあとを継いでくれるという。

この大自然の美しさをいつまでも残すためにも、前鬼にやってくる修験者の方々や、登山客の皆さんのご協力をいただき、山を汚さないように、自然を壊さないようにしていきたいと、切に願っている。このすばらしい大自然を味わいに、どうか前鬼に足を運んでいただきたい。心よりお待ちしています。

前鬼宿坊・小仲坊

大峰奥駆の終点として知られる奈良県下北山村の前鬼に建つ宿坊。本来は修験者のための施設だが、登山者の利用も受け入れている。付近には、巨岩が林立する五百羅漢や、行者が修行をした裏行場など、修験道の歴史を感じさせる場所も多い。

立地＝釈迦ヶ岳東南、標高820メートル。前鬼口バス停から約3時間

収容人員＝50人

設立＝1300年前

第四十五話　大朝日岳のミョウキン和尚

西澤信雄（朝日鉱泉ナチュラリストの家）

大朝日岳《おおあさひ》の麓の朝日鉱泉に住み着いてそろそろ三十年になります。朝日鉱泉の歴史は古く、江戸時代の末期、一八四九年には湯治に滞在したという記録があります。当時、すでに現地に三間×七間の建物があり、二十人ほどが宿泊していたとの記録ですので、おそらく二百年近くの歴史があるのではないかと思います。

ただ、朝日鉱泉の登山基地としての歴史は、一九一五年の山形新聞の川崎浩良氏による初縦走からです。そして『日本百名山』の著者で知られる深田久弥氏は、一九二六年と六〇年に朝日鉱泉から、二度、大朝日岳に登っています。

この朝日連峰の魅力は、深田氏の文章にもあるように、「朝日岳が一番原始的なおもかげを残している」ことだと思います。それは今でもなんとか残っており、二〇〇三年、日本でいちばん広い面積の「森林生態系保護地域」に指定されたことでもわかると思います。そのため今でも、登山者にとっては不便で、遠くて、きつくて、やっかいな山だと言われるのだと思います。

＊

さて、九月になり、朝日連峰でもそろそろ紅葉の便りが聞こえてくるようになりました。久しぶりの快晴で、大朝日岳がはっきりと窓の外に見えます。遠くでアカエゾゼミの声がブナの森から聞こえてきます。もうそろそろ、夏山も終わりです。

セミといえば、春に鳴くセミ、ご存知ですか。わたしも初めてこの声を聞いたときはいったいなにが鳴いているんだろうと思いました。山菜採りやキノコ採りで親しくしている地元の方にこの声のことを聞いてみました。

するとセミの声だというのです。「五月にセミ」、わたしは不思議に思って聞き返しました。すると、

「これは『ミョウキン』というセミの声だ。よく聞いてみろ、『ミョウキン、ミョウキン、ケケケケ』と聞こえるだろう」と教えてくれたのです。

「でもその『ミョウキン』てなんのことです?」と聞くと、

「『ミョウキン』か、昔ミョウキンという偉いお坊さんが、がんばって修行していたのだけどなかなか解脱できなくて、短い人生をはかなんで、それならと短い命を精いっぱい生きるセミになって山に入ったのだということらしい」。

たしかにその説明を聞いてからこのセミの声に耳をすましてみると、「ミョウキン、

ミョウキン、ケケケケケ」と聞こえるのです。

五月の美しい新緑のブナの森にこの声が聞こえると、不思議とこの話を思い出しました。あとで図鑑を調べると、これは「エゾハルゼミ」というセミで、春に鳴く、薄いグリーンの透明な羽をもった美しいセミでした。

*

何年か前の五月のある日のことです。県外のある方からわたしの小屋に電話がありました。用件は、その方の五十代のご主人が、一週間ほど前から会社を休んで、行方不明だというのです。ただ「百名山を登りに行く」とだけメモがあったそうです。調べてみると、百名山のうち残っているのは東北の山々で、のちほど詳しい資料を送るので、もし大朝日岳に来ることがあったら知らせてほしいというのです。

数日して、手配書のようなコピーと写真が郵送で届きました。車のナンバーや車種も書いてありました。ご家族の真剣な気持ちが感じられました。

その資料が来た日、わたしの山小屋には、いわゆる中高年で単独の男性登山者が数人泊まっていました。この資料を見て、話が盛り上がりました。

「うらやましいな、自分もそうしてみたい」

「中間管理職はきついものだから、会社では大変だから」

「登山だけだよな、小さな達成感が味わえるのは」

「定年も近いが、リストラもあるし」

「いつか休みを気にせず、自由に百名山を登りたい」

ほとんどの方が、同情や共感をしながらそんなことを、酒を飲みながら話していました。同じ年ごろのわたしも複雑な気分でした。ひとりの方が「明日、大朝日岳の小屋に持っていって張っておくよ」ということで、翌朝も早いのでその夜はお開きになりました。

次の日に起こったことは、本当に不思議な話です。

朝起きて、小屋の前の駐車場を見て驚きました。手配のナンバーの車が停まっているのです。きっと件《くだん》の男性が、昨夜のうちに着いて、車で仮眠して、おそらく今日、大朝日岳に登られているのです。

とにかくその方の家に連絡すると、五、六時間で迎えにいくから、それまで止めておいてほしいということでした。

この日は、一年に何日もない快晴で、空の青、若葉の緑、そして残雪の白が美しかったです。本当に大朝日岳が美しく、こんな日に登頂できた人は幸せだったと思います。

コピーを持って登った方が、中ツル尾根を上る途中で、出会ったひとりの男性にこのコピーを渡しました。それがこの本人だったのです。

夕方、下山したこの人が小屋に来て、

「これはわたしです」と、申し訳なさそうにコピーを見せました。

連絡したことを知らせると、

「そうですか」と答えられました。

そして、車にもどり、まさに出ていこうとするときに、一台の車がやってきました。家族の方でした。家族の方は、礼を言われると、そのまま男性を乗せて帰っていきました。その男性は、助手席に座り、シートベルトをがっちり締められて、少し寂しそうに去っていきました。

その日はまたとない快晴でした。とにかくこんな日に大朝日岳に無事登山できたことはよかったと思いました。

この日は一日中、エゾハルゼミが「ミョウキン、ミョウキン、ケケケケケ」「ミョウキン、ミョウキン、ケケケケケ」、短い人生を精いっぱい生きろよと、鳴いていました。

朝日鉱泉ナチュラリストの家

江戸、明治時代に湯治場としてにぎわっていながら廃業してさびれていた朝日鉱泉を再生した宿。以前より場所をやや下流に移し、現在では大朝日岳登山の「表玄関」としても利用されている。大朝日岳が真正面に望まれるロケーションもすばらしい。主人の西澤信雄さんは、東京から移住して鉱泉を再生させた人物で、『みちのく朝日連峰山だより』（山と溪谷社）など著書も多い。

立地＝大朝日岳山麓朝日川沿い、標高５５０メートル。朝日鉱泉バス停から1分

収容人員＝44人

設立＝１９７５年

第四十六話　山のセンス

角田英司（夜叉神峠小屋）

ある晩秋の夜、地元警察署に一本の一一〇番通報がありました。「鳳凰三山からの下山中ですが、ヘッドランプの電池が切れてしまい、暗くて歩けない。迎えにきてほしい」という内容の、携帯電話による通報です。内容はともあれ、遭難救助要請ですから、警察では数名の署員を現場に向かわせ、深夜になって男性登山者を収容、無事下山しました。

この話を聞いて「言語道断だ！」と切って捨てる人もいるでしょうし、「ふむふむ、冷静沈着な判断だ」と思う人もいるでしょう。最近の登山の現場では、このような事例は決して特殊なことではないのです。

団体登山のメンバーが体調不良になったり事故に遭遇した際、山小屋などに処置をまかせると、さっさと予定どおり進んでしまう無責任登山や、日帰り登山だからと、ヘッドランプも雨具も用意せず、「日が暮れた、雨が降り出した、雪がある」と言っては、山小屋にヘッドランプや雨具、アイゼンなどの登山装備を要求するのも当然のこと。

「危険な場所はないか」「なにを持っていけばいいのか」、はては「私にも登れますか」など、執拗に聞いてくる人もいますが、私には答えることができません。登山の危険は絶対的なものでなく、相対的なものだからです。なにぶんにも自然相手の行為ですから。

技術や装備の勉強不足、経験の蓄積が望み薄な集団無責任登山や観光旅行的登山の隆盛と、携帯電話の普及で、山岳遭難件数はこれからも増加していくでしょう。しかし、事故発生のたび、取るものも取りあえず出動する地元の山岳関係者たちは、もちろん「今年こそは一件の遭難も起きないように」と願っていますし、なにより、登山する人自身、遭難だけはご免こうむりたいと思っているでしょう。山岳遭難の減少には、多くの山岳関係者の努力も必要ですが、登山者自身の努力による体力と技術の向上はもっと大切です。そしてなによりも、自身の経験の蓄積をふまえた、自然と自分とのかかわり方、つまり「山のセンス」を磨きながら登山を楽しんでいただくことが大切だと思っています。

登山愛好者ならだれもが、多かれ少なかれ、子どものころから自然とのふれあい体験をもっているでしょう。田舎育ちの私も、物心つくころから自然のなかで遊んだことは今も鮮明に覚えています。そのころに体験した私自身の山遊び、事故の話をしてみたいと思います。

郷里の家の近くには、河原の対岸に三十メートルほどの崖がありました。小学生のころ、その岩場の上の林に棲むクワガタやカブトムシを採るために（田舎の子どもにとって絶好の現金収入であった）、ワルガキ連はそこを攀じる遊びに熱中していました。もちろん、登攀の技術も装備もまったくありません。それは、夏休みに、集落の公民館で観た巡回映画『氷壁』におおいに影響されてのことだったように記憶しています。

家にある荒縄を持ち出し、長さが不足すると現地調達で藤蔓をつなぎ、もちろん「ブーリン」も「エイトノット」も知りませんから、なんと「蝶々結び」で友だち同士アンザイレン。確保もなしに攀じては、自己満足にひたっていました。今なら親や学校に即禁止をくらうでしょうが、男子はいつの世も冒険が好きなのです（ちなみにわが家の息子たちが通う小学校はクライミングボード完備で、すでにエイトノットは習得ずみです）。

そんなことを続けていると、必然、事故は起こるもので、ある日、上級生が滑落し、脊椎損傷の大ケガをしました。数日後、私と荒縄を結んでいた下級生が、荒縄が切れて墜落、崖の途中の松の木に引っかかって睾丸破裂という重傷を負い、さすがに危険だと体得した私たちは、この遊びを封印したのでした。

中学生のころの夏休みの楽しみは、登山者とは無縁の山での、友人たちとのキャンプでした。流木を拾っての飯炊き。ねぐらは帆布の防水シートと木の枝、寝袋は資料袋を油とロウで加工したものを使っていました。そのころ、山岳部に在籍したことのある兄からもらった古いキャラバンシューズがたいへんうれしかった思い出もあります。他愛のない自然とのつきあいでしたが、自分と自然との接し方やスタンス、危険回避能力などが養われたような気がします。

その後、技術や経験を高めようと入会した山岳会では、先輩方から多くのことを学ぶことができました。なにより登山を科学的に実践することを勉強しましたし、先人たちの遺した記録や文献に親しむことで、山のもつ奥深さに気づかされました。若さと体力にまかせた、無理で無知な登山をすると必ずしっぺ返しがくることを知ったのも、自身の滑落事故を体験したこのころです。登山を学ぶには山岳会はよい場だと思うのですが、最近は入会者も減少の一途だそうです。

＊

山小屋に入って二〇〇七年で二〇年になりますが、年々、ピカピカの最新装備を身にまとった登山者が増えてきたなと感じます。そのわりに必要なものをもたず、不必要なものをたくさん持っている人がめだちます。心配だからといろいろ装備をそろえてくるのは理解できますが、道具は使いこなしてこそ道具であって、使いきれなければボッカ訓練のおともにすぎません。

安全で楽しい登山を心がけるのであれば、肝心な「山のセンス」を忘れてきてはいけません。重荷にあえいで足下ばかり見て歩いていないで、もっと立体的に山を観ながら歩いてみると、危険な箇所も見えてくるし、今まで以上のすばらしい自然に出会えると思います。

なによりも「山のセンス」が磨かれて、余裕をもって山を楽しむことができるようになるでしょう。

夜叉神峠小屋
南アルプス・鳳凰三山の登山者が行き交う夜叉神峠に建つ。バス停から1時間の稜線上に立地し、白峰三山が正面に望め、新緑と紅葉の時期は美しい。
立地＝夜叉神峠、標高１７９０メートル。夜叉神峠登山口から約1時間
収容人員＝15人　設立＝１９６１年（作業小屋としてはその前から）

第四十七話　絵画と写真と三ツ峠

中村光吉（三ツ峠山荘）

私は三年おきくらいに、東京・銀座で絵画展を催している。二〇〇四年も開催したが、その三日くらい前、まだ数枚の絵に最後の筆入れをしている最中に、この原稿の依頼が来た。

絵を描くようになったのは、二十代のころからだから、もう三十年くらいになる。しかし描いても描いても次のビジョンが見えてくるようなところがあり、とくに富士山の場合、これで終わりということがない。三《み》ツ峠《とうげ》はなにしろ富士山の大展望で知られている。私の小屋はそんな所に建っている。

＊

私の父親、三ツ峠山荘の先代、中村璋《たまき》が、戦後まもなく故郷の山梨県河口村（現・富士河口湖町）に帰ってきて、山荘を始めた。建物は、甲府の写真屋さんが建てた、ほんの三坪ほどの仮の寝泊まり用のもので、それを買い取ったのだった。今でこそ富士山の展望で知られる三ツ峠だが、そのころはまだ富士山の写真を撮る人は非常に少なく、よほど生活に余裕がなければ、写真などできない時代だった。

そのころ、戦前から富士山の写真を撮っていた写真家の岡田紅陽氏が山荘をよく訪れ、その縁で、私の父も写真を始めたようだった。最初のうちは、住んでいた河口湖周辺では写真の材料が手に入らなかったので、岡田先生の手持ちの分をゆずってもらったりしていた。

今、三ツ峠に富士山を撮りにくる自称写真家は多い。定年後の趣味としてはけっこうなのだが、岡田先生や私の父が撮っていたころとはまったく意味が違っている。今の人たちはコンテストに入選することが第一の目的のようだ。もちろん、一定の条件のなかで競い合い、よりよい作品を作ることはわるいことではないし、被写体として富士山という日本の象徴に向かうことは自然なことだが、大きな違いがある。岡田先生は被写体を心に写し取る力があり、今の人たちの多くは、それがフィルムまでしか届いていない気がする。だから、自分が自然のなかにいることに気づかず、場所をとるため、ほかの人といさかいばかりしている。山荘の中から後ろ姿を見ていると、どの程度の写真が撮れるかはおおよその見当がつく。

小屋でランプの生活をしていたのも昭和三十年代までで、そのころ、三ツ峠山頂に無線中継所の施設ができたため、山小屋にも電気が引かれるようになった。ほかの山小屋のように、一晩何百人も泊まる場所ではないし、仕事は、ときどきアルバイトの人を頼むだけでどうにか間に合う。通年の営業小屋なのでわりと時間はある。それが、父親や私を写真や絵に向かわせた理由かもしれない。

＊

二十年ほど前、三ツ峠にある植物の何種かが国や県の指定を受け、法的に守られるようになった。そのころは、今の時代からは想像できないが、山から植物を持っていってなにがわるい、という風潮であり、それらを売る山野草の店も乱立していた。そうした店で買い取ってくれるため、地元のものたちも加担して、多くの山から貴重な植物が失われた時代であった。

現在は法で守られているため、あからさまにそのようなことはなくなったが、当時から意識が変わったかというと、そうとも思えない。山の上まで花を見にくるツアーは、花が山の上にあることの意味や、その植生ができるまでのことを理解していないように感じる。特定の花に対してのみ興味を示し、ブランドのバッグや時計と同じ感覚だから、その花だけを見て全体の自然を理解していない。

ひとつの種の植物がそこにあることは、全体の自然のなかでの必然であるわけで、すべてはつながっている。それがわかってこそ、今、なにをどう保護すべきかが見えてくる。

自然とひと言で言っているが、日本中、本当に手つかずの原生的な自然は非常に限られており、とくに、三ツ峠周辺は戦後に植えられたカラマツが大きく、また、数も増えすぎて全体の植生を圧迫している。

＊

三ツ峠のもうひとつの側面に、ロッククライミングがある。山頂直下の岩場は、古くから岩登りのトレーニングに利用されてきた。私はこの人たちに接するのがいちばん好きだ。彼らの山に対する姿勢が昔から変わらないからかもしれない。

現在の日本アルパイン・ガイド協会の方たちは、発足当時から山荘を利用してくれて、創立者の奥山章さんがいたころは、私はまだ中学生だった。何人かのメンバーに「なぜ親父さんをもっと手伝わないんだ！」とよく怒られた。それも真剣だったから、親より怖かった。しかし、山や登山者の気持ちを教えてくれたのも彼らだった。

道の教え方がわるい、などと、長谷川恒男氏からもよく怒られた。しかし彼は、酒に酔った客と私がトラブルになったとき、上手におさめてくれたりもした。また、ときには彼がトラブルの本人であったりして、愛すべき男だった。彼がパキスタンのウルタルⅡ峰で亡くなったとき、山荘にあった彼の色紙の前に花を供えたら、それをたまたま見かけた方が、長谷川氏の奥様に知らせ、奥様から遺影を送っていただいた。

長谷川氏は、私の父をも実の父親のように思っていた節《ふし》があり、遺影は父の遺影の近くに置き、今でも朝方には、同じようなことをふたりに語りかけたりしている。

さらに忘れられないのは、雲表倶楽部のメンバー。とくに松本龍雄氏。もう七十歳を超えている（二〇〇四年当時）のに、現役で登り続けているのもすごい。トレーニングを欠かさず、五十代といっても通るだろう。修験であれ、アルピニズムであれ、スポーツであれ、どれであっても登山であることを明確にできる方だ。雲表倶楽部創立六十周年記念の山行でいっしょに登山もでき、近くで氏の人となりを見られたことはありがたかった。この方も、日本のロッククライミングの歴史のなかで、もっと表に出てきてもらい、次の世代にいろいろご教示していただかないと、なにかが続かなくなってしまう。

こうしたことも、今では、どちらかというと、私の父親の時代のことが多かった。これからは、私の時代にしたい。ここまで書いたとおり、私は、絵画や写真で山を表現することが好きである。お客様もそれに関係した方が多い。写真家の白籏史朗先生も年に何度かいらっしゃるが、写真家としてのことはもとより、どのように歳をとっていくべきかなど、いろいろ学ぶところが多い。

山荘を訪れる、各方面のすぐれた仕事をされている方たちや、富士山の展望に恵まれて、なかなかこの山小屋稼業も限りがないようだ。

三ツ峠山荘

富士山の大展望で有名な御坂山塊・三ツ峠山の山頂直下（木無山山頂）に建つ。小屋周辺は台地状になっており、多くの写真愛好家が集まる。また、すぐの距離にある屏風岩は、古くから首都圏屈指の岩登り練習場として知られている。
立地＝三ツ峠木無山山頂、標高１７３０メートル。三ツ峠登山口から約1時間30分　収容人員＝１５０人　設立＝１９５５年

第四十八話　桧洞丸の華

高城律子（青ヶ岳山荘）

先日の妻由美子儀告別式に際しましては、ご多用中にもかかわらずご会葬くださり、そのうえ過分なるご厚志を賜りましたこと、誠にありがたく御礼申し上げます。

由美子も皆様のお見送りに感謝しつつ旅立ってゆけたと思っております。

五十歳という若さは、残された者としては残念ではありますが、妻として母として家族を愛してやまなかった心を忘れることなく、由美子の遺志を大事にしてゆく所存であります……。

佐藤（通称トンボ）から届いた薄墨の挨拶状にみな涙にむせた。早いものでもう五年になろうとしている。

二〇〇三年十月末、山のスタッフ由美子の死に始まり、谷村家、丹沢ガイドブックで知られる奥野幸道氏夫人の死去、そして長谷部家と、大切な山仲間の不幸の多い年だった。

山小屋の修理も、二〇〇三年の秋に終わる予定だったものが、不幸続きでのびのびになっており、いよいよ雨もり防止の最終修理の決行が八月七、八日となった。折あしく七日は重い空で雨まで落ち、心配で電話をかけると、ツムギさんの声の向こうでトントン、トントンと忙しく槌音がする。

今回の参加者は、ベーさん、タニトン、ツムギさんにトンボ、西さん、山キャット、小田原の佐藤さんの計七人と少なめ。次の日、下山した三人にごくろうさんというように、原田さんから届いた温室みかんが待っていた。

＊

小屋主が病に倒れ早や十年。今は塔ノ岳にいる大野氏が当時の小屋を守ってくれたが、小屋の山手に立つ枯れ巨木が小屋に倒れかかる危険もあり、公園管理事務所に届け出て伐採してもらうまでの一年ほど、休業期間があった。その間、閉めきった小屋はことに傷み、荒れ果てたところに、トンボがにぎり飯を懐に入山し、寒い冬はその飯をビニール袋に入れて、少量の湯を沸かして温めて食べ、それ以外、小屋での消費をいっさい断ち、都合のつく週末を小屋とその周りの清掃にあて、ごみの持ち下ろしに専念した。「小屋のおやじはおれの二番目の父親だ」と、こっそり無償の行為を続けていたのを、あとで知ることになる。

困ったことになれば、好んで誹謗中傷にこれ努めるもののいるのは世の習い。半面、二十年、三十年という旧知の人々が、トンボの呼びかけに次々と集まって力をつくし、助け合って、新しい仲間も加わり、大きな善意の輪が広がっていった。

小屋のおやじも小康を得て、二〇〇一年十一月末には、二度目の入山を果たし、小屋の修理に采配を振るった。うれしそうに写真に収まって、隣で由美子が笑っている。その笑顔を見るにつけ、ため息が出る。

初めのころ、夫が山に入りびたることに不安を感じ、反対をした彼女だったが、山の魅力、仲間の心の美しさ、おおらかさにふれ、あっという間に小屋の中心的存在に収まって、驚くべき力を発揮したのである。登山者への心配りもやさしく、みなのアイドルになっていた。

そんな彼女が病に伏して、頻繁に見舞ったとき、「もういいです、いろいろしてもらっても、もうお返しできないから」。不治の病であることを察してか、そう言うに、返す言葉を失った。

しかしこれではいけない、なんとか元気づけなければと日夜言葉を探し、「由美子さんにはお世辞にも母親のようと言ってもらい、親切にしてもらった。私だってありとあらゆることをしてあなたを元気にするよ。だからがんばって。私もがんばるからね。元気になって私の面倒見るんでしょ」と言うと、幼子のようにこっくんとうなずいたのだった。思い出すたび涙が出る。

その素直さ、奉仕の心と人や物にこびない潔さ。真の自尊心とでもいうのか、そのなかに一本通った強烈な自己主張には、目を見張る美しさがあった。みな感動していたのである。

＊

なんでこんなにあるにかたいことがありえるのか、いつもそこに行き当たる。不思議だなと思う。そういう恩恵にあずかる小屋主を見れば、今も昔もマイペースで、特別感謝の風情もない。山小屋をやっていても利に寄らず、ときに無償の世話をし、人命救助も一度ならず。されど騒がず自慢もせずで、当然ほめられもしない。賢い人は寄らず、いつも貧乏で山だけが大事、登山者大事、小屋大事で、家族が救急車で運ばれようとも山に登り……。だから今、山と山仲間に助けてもらえるんだろうな……。

人間、一生のうちでなにが幸か不幸か、最後までわからないのかもしれない。善悪もしかり。人知のおよばない所にあるものもあろう。

小屋を建て、すでに半世紀に近づこうとして華を見た。「神奈川花の百選」にも推されるシロヤシオにも勝る華が、桧洞丸《ひのきぼらまる》に咲いていることを実感する。まさに人の華、人の心の華ともいうべきものだろうか。

山は木々を育て、人を育てるのだろうか。ただ残念なことに、二十数年ほど前から、巨木が枯れはじめた。昔は原生林と呼ぶにふさわしい、奥山という感じで、秋には落ち葉が膝まで積もり、ガサガサとヤタ尾根をこぐように下った。八月にはマルバダケブキの橙色が小屋前の斜面を埋め、一花茎に五、六羽のアサギマダラが舞い群がり、アブが恐怖をそそる音を鳴らして飛び交った。シロヤシオは文字どおり水を滴らせるように霧に煙って咲き、秋の気配が来るとトリカブトの紫が山腹をおおった。ここに製薬工場を造れば、という人がいたがしかし、今はなぜかない。大木が枯れたせいか、シロヤシオやミツバツツジが日の目を見て、わが世の春とばかりに咲くようになり、これも移りゆく時のひとコマだろうか。

＊

この原稿の最後を借りて、由美子さんの冥福を祈るとともに、小屋を留守にしていた間、たくさんの利用者が送金してくださったことにお礼を述べたい。小屋に多大な尽力をくださった吉岡みつ子さん、ぜひご連絡ください。そして、名前を書ききれないほどの大勢の方々の援助に感謝を記します。

青ヶ岳山荘

西丹沢・桧洞丸山頂近くに建つ。その名のとおり、青く塗られた建物が印象的である。週末を中心に通年営業しており、有人小屋が少ない西丹沢にあって貴重な山小屋となっている。また、小屋主の高城則貴さんが病気のときには小屋を愛する有志によって運営が行なわれており、アットホームな雰囲気でファンも多い。

立地＝桧洞丸東方約70メートル、標高1601メートル。東沢出合から約3時間30分、日陰沢橋から約3時間50分　収容人員＝50人　設立＝1961年

第四十九話　光の四半世紀

原田臣久（光岳小屋）

シラビソの林をぬけると、突然目の前に真っ赤な夕焼けが現われ、噴煙をなびかせた御嶽《おんたけ》や恵那《えな》山がシルエットとなり、聖《ひじり》岳、上河内《かみごうち》岳は山肌を染めていた。この十一月上旬の小屋の下見山行から、すでに二十八年になります。

光《てかり》岳小屋に入る前は、八ヶ岳の山小屋でアルバイトをしていました。登山者が多く、受付、食事、就寝と次から次へと対応していくわけですが、宿泊人数が多くなるともう、さばく、処理するという感じにならざるをえません。もう少し登山者がのんびりできて、小屋のほうも余裕をもって接することができるような小屋はないだろうか。もしあったら、自分で管理してみたいと思い、あまり登山者が多くない南アルプスはどうだろうと考えました。

南アルプスのガイドブックに載っていた山小屋の連絡先へ片っ端から電話をしましたが、収穫はなく、ただ塩見小屋の河村さんだけが「話を聞いてやるから自宅に来なさい」と言ってくれました。早速、河村さんの所へうかがってみたところ、「資金がないなら、光岳に静岡県営の無人小屋があるが、どうだろう？　一回見てきたら」と教えてもらいました。

南アルプスは聖岳《ひじり》までしか歩いたことがなく、光岳ってどんな所だろうと思ったものでした。そういうことで妻とふたりで下見に行くことにしました。当時、寸又峡《すまたきょう》温泉から登るコースとしては、柴沢コースが通行止めで、信濃俣経由のコースになりました。

登山道の整備はされていて状態はよかったのですが、柴沢コースに比べて距離が長く、信濃俣から百俣沢ノ頭までは、二〇〇メートル下がり、三〇〇メートル上がるという行程で、この道をボッカするのは大変だとか、シラビソがなかなか感じがいいなど言い合いながら、のんびり歩いていました。そのときに出会った光景が冒頭に書いたものです。この光景は今でも忘れられません。

センジヶ原のはずれにあった小屋は、入口の戸がなかったり多少の傷みがありましたが、しっかりしたものでした。小さい小屋でしたが、どうにか自分の手で補修できそうな具合でした。窓からは兎岳《うさぎ》、聖岳、上河内岳が見え、夜、シュラフに入り、窓の外の星を見ながら、南アルプスの端っこのここならば、登ってきた登山者がのんびりできるような小屋がやれると思いました。

無人小屋の管理に入りたいと簡単に言っても、県も町もとまどったみたいでしたが、何回か話しているうち、こちらの熱意を受けとめてもらえたようでした。当時、若かった県職員の方が、「無人にしておくよりも、人を入れたほうが登山者の安全や小屋の傷みとか周囲の環境にとってよいのではないか」と応援してくれたことは、今でもありがたく思っています。

そんなこんなで、どうにか一九九〇年のシーズンから管理人として入ることができました。一年目はずっと小屋の修理。周りの環境整備やボッカで過ぎてしまいました。小屋に上げるための荷物にブルーシートをかぶせて、柴沢の林道上に置いていたところ、千頭営林署（今は静岡森林管理署）の人たちがあきれ顔で見ていたのを思い出します。

光岳が「日本百名山」に入っているということすら知らず、お客さんに教えてもらったのでした。当時は百名山を目的に来られる方は多くなく、今と違って二十代、三十代の若い人や、三伏峠《さんぷく》のほうから縦走してこられる方が多く、小屋に泊まられた方の半数近くが寸又峡温泉へ下山されていたのが印象に残っています。また、訪れる人が少ない山のせいか、個性的な人が多かったような気がします。

食事の提供は二年目から始めました。当時、南ア南部は自炊のみの小屋が多く、縦走してこられる方が、食料が足りなくなることがあったり、多くはなかったけれど年配の方も登られてきましたから、少しでもお役に立てばと、お出ししました。

一九九〇年代に入り、百名山が注目されはじめ、登山者が増えてきました。そして、便《たより》ヶ島小屋ができて、長野側の易老渡《いろうど》からのコースが知られるようになると、易老渡から登り、易老渡へ下る登山者が多くなり、縦走される登山者の割合が少なくなってきました。それと同時に、あまり下調べもせず安易に登ってこられる方が増え、定員二十五人の小屋に二十人近い団体が来たり、夜遅く到着したりと、こちらが面食らうこともありました。

このことから、百名山ブームのせいか、登山ではなくハイキング感覚で登られる方が多いと感じました。大人数のグループを泊めると小屋は満杯になってしまいます。また、南ア南部であるということを考え、きちんとした計画のもと、事前に準備をして登ってきてもらいたい。若い人には自炊をしてほしいし、四人以上のグループなら荷物を分担して自炊してもらいたい。また、早発ちをして早めに到着してもらいたい。そう考えて、一九九四年から「十人以上のグループの宿泊はご遠慮ください。また、食事の提供は全員五十歳以上、かつ三名以下のグループで、午後三時までに受付をされた方（三伏峠以北から縦走されてきた方は年齢は問わない）に限らせてもらいます」という条件をつけることにしました。

のちに、聖平小屋、茶臼小屋、横窪沢小屋が食事を出すようになりますと、光岳小屋でも食事を頼む人が増え、残念なことに自炊される方が少なくなってきました。それとともに、自炊経験がまったくなく、コンロを使ったことがないという登山者も多く見受けられるようになりました。山登りにはいろいろな登り方や楽しみ方があっていいと思いますが、スイッチやボタンを押すだけで楽に過ごせる便利な生活からまったく正反対の大自然のなかへ入っていくわけですから、自然のなかで生活するという心構えをもち、充分楽しんでいただきたいと思います。

近ごろ、南ア南部は中高年の登山者が多いですが、体力や状況に応じてテント山行や自炊山行などいろいろな山行を試みてください。より自然が感じられたり、より自由な山登りができると思います。

一九九八年に小屋が新設され、食事提供の条件をどうするか考えましたが、少しでも多くの方に自炊していただきたいと思い、続けています。こういう条件をつけるほかになにか別のもっとよいことがあるんじゃないか考慮中ではありますが、皆様のご協力をお願いいたします。

妻とふたりで光岳小屋をやってこれたのも、静岡県、本川根町（現川根本町）、千頭営林署（現静岡森林管理署）の大勢の方々、鈴木康平さんや石田弘子さんら多くの友人に支えられたおかげと思っています。

光岳小屋

南アルプスの最南部、光岳山頂部に建つ。夏季は管理人の原田さん夫妻が常駐しているが、食事付き宿泊には細かな条件をつけるというユニークな試みを行なっている。これは、山小屋に頼りきらない自立した登山をしてほしいという原田さんの願いでもある。1998年に改築され、収容人数は倍近くなった。

立地＝光岳東方センジヶ原南、標高約2500メートル。易老渡から約8時間

収容人員＝45人　設立＝1966年

第五十話　月山の山頂で

芳賀竹志（月山頂上小屋）

山の香り、山のささやき、山の彩り……五感をくすぐる山の魅力は止めどがない。周囲から「キ印」と呼ばれるぐらい山にも惹かれるはめになったのは、生まれ落ちた家の生業が山小屋だったからにほかならない。

物心がついたころ、夏がやってくると決まって生活の場所は山上へと移っていった。当時、そこは大人だけの世界。子どもはといえば、ひとりだけ。友だちもいなければ、遊び道具すらなにひとつない所。だから遊びや話の相手は、もっぱらそこに棲むオコジョやチョウ、トンボ、小鳥といった動物と可憐な花たちであった。なにをするにも一方通行で、他愛のないものだが、山上での唯一の楽しみは、彼らとのたわむれであった。

そんな生活が長く続いたせいか、いつの間にか親父にバトンを渡され、なんのためらいもなく家業継承の道をたどり、ズルズルと還暦を迎える歳になってしまった。

そもそも親父が山小屋を始めたのは、終戦の翌年、私の誕生に合わせるように、知人からゆずり受けてからだそうだ。だから山小屋と私は同い歳といえる。今振り返ってみると、その時点で、すでに私は山小屋のオヤジになる運命だったのかもしれない。

幼少期、山小屋は夏場だけの仮設仕様で、ブナの丸太の骨組み、細い柴の屋根下地、その上にワラで編んだ苫《とま》を重ね、床には笹を並べ、その上にワラムシロを敷いて居間にするという、まさに縄文時代の竪穴式住居そのものといったたたずまいであった。

月山《がっさん》は古くから信仰の山として開かれ、栄えてきた山。全盛期には麓から山頂まで、山小屋が二十数軒もあったという。時が流れ、中腹まで車道が開かれ、バスが通うようになると、それまで白衣一色の信者、行者ばかりだったものが、一般の観光客や夏スキーをする若者など、カラフルないでたちの登山者で山は一変していった。

それに合わせるように、山小屋も竪穴式から木造建築へと変身していった。木造とはいえ、その資材運搬はすべてが人間の背中まかせ。強力《ごうりき》と呼ばれる力自慢の男衆にも、担ぎ上げる能力には限界があり、必要最低限の資材で施工せざるをえない状況で、建物はじつに簡素なものだった。

月山は名うての豪雪地帯、夏場は多雨で湿度が高く、おまけに強風吹きすさぶ稜線上。悪条件が重なるなかで、簡素な小屋はたちまち寿命がつき、ふつうは七、八年、長くても十年耐えれば御の字で、とにかく建て替えの連続に、心身ともに休まる暇がなかった。

昭和四十年代後半に入ると、強力の減少から、物資の輸送はヘリコプターに頼らざるをえなくなった。輸送コストの高騰には泣かされたが、背に腹は替えられずだった。メリットといえば、短時間で大量の物資が山頂に届くこと。小屋の改修工事もよりスムーズになり、より堅牢な構造の建物が実現した。雪害に悩まされ、嵐が吹き荒れるたび、ハラハラドキドキの心配はしだいに遠のいていった。

山上の生活も、利便性を求めだしたらきりがない。里の生活をそっくり山に持ち込むなど現在なら造作もないことだが、あえてそれは望みたくない。山には山の掟がある。それを守りつつ、山小屋の雰囲気を大事にしていきたい。利用者にはわずらわしいかもしれないが、そのためにゴミの持ち帰りや節水、消灯時間、深酒や喫煙の制限など協力していただいている。この不自由さは山でしか味わえないとあきらめて、おおらかな気持ちで対応してもらえればとてもうれしい。

*

月山の頂に立つ人は、年間およそ五万人くらい。全国津々浦々から集う。その目的もバラエティに富んでおり、なかでも最近多いのが、花を求めてやってくる中高年のご婦人たち。ほかにも、スキーやスノーボードを担いで残雪に遊ぶ若者、満天の星空を見たいと一夜を過ごす人、山頂から日の出を拝みたいと泊まる人、俳聖・芭蕉の奥の細道をなぞりながらの旅人、お花畑や山岳風景を撮るために重い機材を担いでくるプロやアマチュアのカメラマンなど、じつに多彩な顔ぶれが、思い思いに山を堪能していく。

山小屋が最も騒がしくなるのは夕食の席だ。とくにご婦人方のグループが入るとそれはすごい。山について、旅の話、食事のことなど、おしゃべりに花が咲き、テンションは上がるいっぽう。酒宴の席さながらの様相が続く。

山頂小屋の定番は山菜料理。春から夏にかけてじつに多種の山菜が産出する。最も人気が高いのは、地元民が「月山筍」と呼ぶネマガリタケ。天ぷらや炒め物などなんにでも向くが、なんといっても筍を山盛りにした味噌汁は逸品。ちょっとめずらしいものでは、タカトー（カラマツソウ）やヒロハユキザサの和え物、ほかにもヤマウドやアザミの仲間などなど……。これほど豊富な山菜が夏まで摘めるのは、豪雪がもたらす副産物だ。

春の菜から秋のキノコまで、月山が産出する恵みを数カ月かけて採取・貯蔵しておくのも山小屋のオヤジの役目。山菜は鮮度がいちばんなので、採りたてをすぐに瓶詰め、塩蔵、冷凍、乾燥など、さまざまな手法で加工保存する。苦労も絶えないが、また、張り合いもある。客人がこれらを口にして笑顔を見せたときがすべてだ。

精進料理で飽き足りない御仁がいたら、とっておきを自慢しよう。それは六月初旬から折々に山を彩る高嶺の花のこと。そして、太平洋から昇った日が日本海の水面に潜るように落陽するさま、東北の名峰が雲上に浮かぶパノラマの景……。ただしこれらは毎日見られるわけではない。強運を背負った人とか、日ごろの精進がモノをいいそうで、保証はできない。

それにしても小屋を営む側として心苦しいのは、泊まった翌朝が嵐で、うらめしそうに天を仰いでしょげている客人を見るとき。気の毒で宿代が請求しづらく、ちょっと割り引こうか！　などと思ってしまう。逆に、好天に恵まれ、浮き足立ってルンルンしている人を見ると、ちょっとぼってやろうかしらん……ナンテ。

月山頂上小屋

山形県の中央部にそびえる月山の頂上直下に建つ。周囲はなだらかな台地状になっており、展望のよさと豊かなお花畑が魅力。本文にも登場する山菜料理は、小屋の名物となっており、主人自ら採取した地元産の山菜は、登山者の人気が高い。昔から信仰登山が盛んな月山には宿泊施設が多く、頂上小屋もそのひとつだった。

立地＝月山頂上、三角点南方約１００メートル、標高１９４０メートル。月山八合目バス停から約２時間

収容人員＝70人

設立＝江戸時代以前（正確な年代は不詳）

第五十一話　五回目の結婚式

竹本　勝（東海大学銀嶺荘）

「こんばんは、お世話になります」

と言ってひと組のカップルが扉の羊鈴の音を響かせたのは、夕暮れが迫り、闇夜がエゾマツの森をおおい隠す直前であった。

東海大学春香《はるか》山銀嶺荘は、四季を通じて毎年千人以上がコンスタントに登山や山スキーで利用している、北海道では数少ない、管理人が常駐する山小屋である。大学の施設で管理人を常駐させている山小屋（東海大では保養所として管理）は、全国的にもめずらしいのではないだろうか。

とくに、長い冬から春の訪れを間近に控えた四月ごろの土曜日は宿泊者が絶えない。日曜日も休憩してお昼の時間を過ごす人、頂上まで行かないで山小屋の雰囲気を楽しんで帰る人、室内にある三百五十冊におよぶ山の本を読む人、前回立ち寄ったときに撮影した記念アルバムのなかから自分が写っているスナップを探し出そうとしている人、ラジカセから流れる昔懐かしい山の歌につられて口ずさむ人など、さまざまである。

それらの人たちも、日の落ちる二時間ほど前にはみな下山してしまい、日曜日の夕暮れは再びガランとした空気と薪ストーブのほのかな暖かみが部屋の中を漂っていた。一年を通しても日曜日の宿泊はまれであるが、通《つう》の人は土曜日の混雑を避けて平日に泊まったりすることもある。しかし、若いカップルが混雑をきらって日曜日に泊まりに来るというのはめずらしいことであった。

銀嶺荘では、宿泊の場合は予約制にしているので、事前にふたりの宿泊があることはわかっていた。だからストーブの火も落とさずに到着を待っていたのだが、暗くなっても来る気配がない。ベテランの人たちは、たいてい日暮れの一、二時間前には到着しているので、ときどきある「事前に連絡なしのキャンセルか」と内心不機嫌になっていた矢先の、カップルの到着だった。

宿泊者がふたり来るとは無線で連絡を受けていたが、それが男なのか女なのか、今回のようにカップルなのかは到着するまでわからない。かなり疲労ぎみの女性と男性に温かいコーヒーを飲んでもらうと、ふたりはほっと落ち着いたようだった。その後、男性がいそいそと夕食の支度にとりかかり、女性はストーブの横にへたっていた。ここまで女性を引っ張ってきた男性の苦労が思いやられた。この夜はふたりだけの貸し切りだった。

＊

翌日、まだ夜も明けやらぬころ、ゴトゴトという音に目を覚ました。カップルが頂上に向けて早発ちしたのだ。外は吹雪模様、私は連日の客の対応で少々疲れぎみだったので、起き出さずにベッドのなかでウトウトしていた。

数時間経ってハッと目覚め、時計を見ると八時を過ぎている。カップルはまだ帰ってきたようすがない。「冗談じゃない、あれから三時間も経っている。なにかアクシデントでもあったのか?」。頭のなかで不安がよぎった。いくら初心者でも、頂上まで一時間もあれば着くだろう。そして下りは、三十分もあれば転がってでも下りてこられるはずだ。

「これはちょっとヤバイぞ」

つい先日、単独行のスキーヤーが頂上付近で骨折して動けなくなり、幸い近くにいたパーティに発見され、道警のヘリコプターを呼んで救助されたという事故があった。そんなことにでもなっていたら大変だ。とにかく山頂まで行ってみよう。というわけで、無線機・寝袋・カイロ・骨折した際の添え木・細引・ツエルトをザックに入れ、お湯を沸かしてスープを作っていたときだった。外の階段を上がる音がしてふたりが帰ってきた。緊張が一気にゆるんだ。

玄関に立ったふたりに言った。

「どうしたんだい？　あまりに遅いのでトラブったんじゃないかと思い、今その用意をしていたんだよ！」

「遅くなってすみません、彼女がスキーが下手なもんで……」

「それにしたって、三時間もかかるなんて、少しかかりすぎでないのかい」

「じつは私たち、頂上で結婚式をあげてきたんです。それで遅くなったんです」

「こんな吹雪のなかでかい？　マア、無事でよかったや」

「私たち、どうしても山の頂上でふたりだけの結婚式をしたかったんです。それで、山スキーは初めての彼女だったんですが、なんとか無事に念願を果たしました。最初からそう言って行けばよかったんですが、どうもテレくさくて……」

「そうかい、それはおめでとう！　そうだよ、事前に言ってくれれば、私だって心ばかりのお祝いもできたのによ！」

そして新婚さんは昼の食事をすますと、花嫁をいたわるように吹雪のなかを下山していった。たったふたりきりの結婚式だったが、祝福は何物にも勝る大自然が演出したに違いない。ふたりが帰ったあと、山小屋の「らくがきちょう」には、花嫁の筆でこんな手記が残されていた。

四月五日（清明の日）

昨夜、銀嶺荘に泊まる。日曜日の夜とあって、宿泊者は私たちふたりだけ。台所の小さなストーブは私たちの貸し切り。コーヒーをいただいてランプの下で夕食作りに励む夫を横に、私は暖かなストーブの横でウトウト……夜はとってもあったかな湯たんぽをふたつ……ありがとう、管理人さん。おかげさまで暖かく、ぐっすり眠ることができました。

朝四時半起床。今朝も食事の支度は夫の仕事……妻はこの日記をしたためているのでありました。お食事ありがとう、とってもおいしかった。

五時三十分、頂上に向けて出発。昨日とうってかわって雪と風、おまけに初心者の私は両足とも靴ずれ。到着六時二十分。清明のご来光を仰ぎながら……のはずだったけれど、外界から隔離され、天国まで続く灰色の空。雪と風を一本の松に助けられながらの指輪交換。ハーフボトルの白ワインにアルミカップの盃で三々九度。さらにポケットコンロで、コッヘルに沸かした熱いコーヒーを飲んで下山。シールを取ったスキーに花嫁は四苦八苦。えらい目にあいました。それにしても、天から下界までの白いウエディングベールに包まれて、私たちの結婚式は思い出深いものとなりそうです。

ちなみに入籍した日は啓蟄の日、三月五日でした。

私が銀嶺荘の三代目管理人を引き受けてから、春香山や銀嶺荘で結婚式をあげた方は、このふたりで五組目だった。山仲間だったり、同じ山岳会のカップルだったり、別れた人との再婚だったり、学童保育の先生の結婚をその生徒たちが真剣に演出したり、街のホテルや結婚式場では絶対できないすばらしい披露宴を見てきた。まったく、山小屋は人生の縮図でもある。

ちなみに私も、手稲《ていね》山中腹にあり、北海道でいちばん最初に建てられた山小屋、パラダイスヒュッテで結婚式をあげたひとりである。その小屋はすでに倒壊し、現在は二代目の建物となっている。

東海大学銀嶺荘

北海道・石狩湾を見下ろす春香山中腹に建つ山小屋。東海大学の施設ではあるものの、一般登山者にも開放しており、登山や山スキーなどで四季を通じて利用されている。素泊まりのみだが、寝具・自炊用具完備で低料金。なお、執筆者の竹本勝さんは2008年3月末で管理人を退いている。

立地＝春香山中腹、標高700メートル。桂岡から約2時間30分

収容人員＝50人

設立＝1960年

第五十二話　ひだまりのひなた小屋

梅田浩生（日向小屋）

一九六三年七月七日、日向《ひなた》小屋は多くの岳友に支えられ、「元気」もいただいて、完成、開業をすることができました。仲間や家族らの汗の結晶であると、以来、肝に銘じています。私が今ここにあらためて記さずとも、山小屋を設立するにあたってなんらかのかかわりをもった経験を有しておられる人たちは、こうした心境は充分理解していただけると思っています。

おかげさまで日向小屋は二〇〇六年で四十二歳を迎えております。鈴鹿《すずか》山系の御在《ござい》所《しょ》山裏登山道にある小さな山小屋です。

今では鈴鹿スカイラインという広い道路が完成して、駐車場より十五分ほどで到着できるようになりました。そのおかげで、名古屋、大阪方面からの日帰りの方も多く、山歩きや岩登りを楽しんでいかれます。

週末ともなれば笑いの絶えない山小屋となり、お客さんが来られると、そこにいる常連の人は、直ちに小屋番になってくれます。

「ハーイ、いらっしゃい。お泊まりですか？」

「お願いします」

「晴子さーん、お泊まりさん」

「ハーイ」

てな調子で……。

晴子は私の妻で、昔は山登りをしていました。今は食事係および庶務課長（いや、もっとエライさんかな？　呑んだくれの私にとっては……）。

みんなが寄り集まると「山談義」が始まり、たいがいは岩場のルートの話とかホラに花が咲くのです。そのようななかから生まれたのが、百四十ページにのぼる日向小屋設立四十周年記念誌『ひだまりの日向小屋』です。

二〇〇二年に山の仲間から声が上がり、「長い間この小屋に通っているが、この際なにか記念になるものを残そう」という提案が出たのです。そうして、一冊の文集を発行することで、みなの意見がひとつになりました。それは古い岳人も若い登山者も平等に参加できるのです。

そこで早速、編集委員会なるものが結成されました。私は原稿の依頼と、それを集める係でした。ありがたいことにプロの写真家や、文筆を業にしている人もおられ、おおいに心強いものがありました。集まった原稿は三十八名分にもなり、二〇〇三年一月には早くも締め切りをいたしました。ところが、手書きの原稿が多く、なかなかの達筆のあまり読みづらいものだったりして、編集にあたってくださった各氏にはたいへんな手間をおかけしてしまったことを心よりお詫びしたのでありました。

その年の五月半ば、ドカッと二百冊の本が届いたときは感謝、感激で思わず涙がこぼれてしまいました。

御在所に　山小屋建てし　兄を助け
母はひたすら　山路通ひき

藤内壁を　めざす岳人　泊まりゆく
兄の山小屋　若きらに満つ

同誌に掲載した妹の歌です。岳人としての私の人生前半を支えてくれたのは、なんといっても母親で、それを忘れては罰が当たると思っています。山小屋創立当時のことです。私は母にこう頼みました。

「お母ちゃん、わるいけど日向小屋の小母《おば》ちゃんになってくれへんか？」

「山小屋の小母ちゃんて、どんなことするのや」

「山に登るお客さんが来たときにな、対応をしたり、小屋に泊まる人があれば食事を作ったり世話をするのや」

「あんたはなにをするのや？」

「会社へ行かなあかん。山小屋だけで食っていけへんし、荷揚げも大変やし、頼むわ」

「そりゃそやなー」

母はそのとき五十三歳ぐらいかと記憶しています。このような会話の結果、とうとう引き受けてもらいました。

山小屋設立の当時、登山道は現在ほど整備されておらず、日向小屋までの道はかなり荒れていて、距離は長く急坂も多く、時間のかかる山道でした。ボッカは私の身体を鍛えてくれましたが、母には厳しいものだったと思います。その母は六年前、黄泉《よみ》の国へと旅立ちました。

『ひだまりの日向小屋』は山小屋の歴史を語る一冊の文集であります。湯浅道男氏の巻頭の言を始まりに、日向小屋を真ん中において、さまざまな四十年の時が刻まれています。

藤内壁で訓練を積み重ね、ヒマラヤ、ヨーロッパなどの峻峰を制覇する岳人の苦労話と、感激や友情など人それぞれに、得がたい宝物であると確信しております。

しかし四十二年を振り返るとき、決して平坦な道ばかりではありません。自然が運んでくる台風や落石、大雨などの災害に途方に暮れるような事態もありました。そのようなことはこれからも起こりえると考えなければなりません。

今、御在所は冬を迎えております。雪化粧もすませました。まもなく氷の世界が訪れます。今日も、ナジャだのクォーク（いずれもアイスアックスの名前）だのと、にぎやかな夜になっております。

日向小屋

鈴鹿山系・御在所山の裏登山道沿いに建つ。御在所は岩登りのメッカとして知られており、クライマーの格好のベースとして古くから利用されてきた。また、梅田浩生さんがクラシック音楽好きであることから演奏会が開かれたり、地元の自然に詳しい梅田さんを慕って集まってくるハイカーも多く、あらゆる層の登山者に利用されている。

立地＝御在所山裏登山道、標高５００メートル。湯ノ山温泉バス停から約30分
収容人員＝20人
設立＝１９６３年

第五十三話　山小屋は人なり

花立昭雄（尊仏山荘）

私どもの尊仏《そんぶつ》山荘は、五十年以上通年営業を続けてまいりました。通年営業とは、小屋開けとか小屋閉めの作業がなく、一日も休まず山荘のものが常駐していることをいいます。

一年中、丹沢の自然に囲まれ、登山者を見守りながら営業ができる喜びを感じています。

山荘の西側には富士山が鎮座し、東側には、湘南・横浜・東京方面の大都会の展望が開けています。大げさに言えば、自然と文明の狭間にいるような所といえるかもしれません。

たいへん零細な山荘ですので、私とスタッフのO氏が一週間交代で現場を担当し、妻が経理を引き受けてくれています。

あとひとり（正確には一匹）、猫がおります。二〇〇〇年ごろの寒い日に頂上に捨てられており、人間への警戒心がものすごく強く、寄り付きませんでしたが、O氏がわが子か愛人のようにかわいがってくれたおかげで、登山者にもかわいがられるようになりました。今では営業部長のような態度で、小屋の中でふんぞり返っております。

この猫のことは、尊仏ミー君または丹沢太郎と呼んでいます。

ミー君はO氏のあまりある愛情のせいか、それとも私の愛情不足あるいは嫉妬心からか、七年経っても私にだけはなつかず、ライバル関係にあります。

常連の登山者の方も、ミー君のほうが大切なのか、差し入れは猫缶が多く、たまには人間の餌もお願いしますと懇願しています。

山荘の物資搬入は、昔から多くの人の力で運ぶのが主で、燃料等や腐りにくい食料品はヘリコプターの力を借りておりました。が、二〇〇二年ごろ、ひとりの馬車馬並みの体力の持ち主が現われ、現在では、いっさい文明の力を借りず、燃料、食料を搬入しております。

人間ヘリコプターとでもいうべき、馬車馬H氏は、二〇〇七年で五十四歳。現在独身。恋人募集中らしい。年間十トンくらいの物資が彼の力で荷揚げされていることは間違いなく、山荘としてはたいへん助かっています。

しかし、彼のボッカ姿は一年中変わらず、厳冬期でも長靴、ランニングパンツ姿で、初対面の人には、奇人・変人あるいはホームレスに見えるかもしれません。

ある日のこと、ボッカに熱中しすぎたのか、ランパンを身につけるのを忘れ、純白のブリーフ一枚で堂々とボッカしてきたことがありました。私が指摘するまで本人はまったく気づかず、ゆうゆうとお茶を飲んでおりました。

H氏はほんとうに天真爛漫な猛者なのだとわかりましたが、同時に、彼の恋人募集は延々と続くのだろうと思ったものです。

H氏を真似しようとか理解しようとしないでください。体も頭も壊れます。彼はボッカの天才なのです。

H氏以外にも多くの人々が荷揚げを手伝ってくれます。そのなかでもH氏と対照的なのがU氏です。

ボッカの回数も量も少ないだけでなく、H氏が下半身丸出し状態なら、上半身丸裸しか対抗策がないのか、この太鼓腹を見ろといわんばかりの立派な腹をしています。肌は浅黒く、とても人目にさらすような体ではないのに、U氏はいつも上半身裸で自信満々にボッカしてきます。私たちは、親しみをこめて裸の大将と呼んでおりますが、現実には、山の公害といったほうが当てはまる気もします。

H氏が現われるとU氏を思い出し、U氏が現われるとH氏のことが頭をよぎります。このふたりが合体したら、どんなにすごいことになるのだろうと想像したりすることもしばしばです。

山中での生活は健康が第一です。私は一年間のうち二百日くらいを、家族と離れてこの山荘で暮らしています。

＊

そんななか、妻はここ数年で、生死をさまよう大病を二回も患いました。

私が山荘にいた夜、妻からガンの告知を受けたと連絡があり、電話口からは娘の涙声がもれ聞こえたのです。私も動揺し、「すぐ帰る」と言うと、妻は「だれが小屋を守るのよ」と気丈に答えました。

その三年後には、外出先から自宅にもどると、強盗でも押し入ったかのように土足で部屋にあがった跡がありました。びっくりしていると、義母から、妻が脳出血を起こし、救急車で病院に運ばれたことを知らされたのです。

急いで病院に行くと、助かる確率は半々であることが告げられ、ショックを受けたのですが、処置が早く、命をとりとめ、回復することができました。

その年は娘の大学受験の年で、娘は、合格すれば母親が生き返ると思ったのでしょう。一所懸命机に向かっていたのを思い出します。幸い、今では日常生活にも支障なく、暮らしております。

さらに、二〇〇五年の十二月には、今までたいへん健康だった実父が急死してしまいました。ただびっくりするだけで悲しむ時間もなく、あっけない死でした。

そのような一連の病気や不幸を通じて、山小屋の仕事は家庭を見守るには大変なところだとあらためて感じさせられ、少し投げやりになってしまった時期もありました。

＊

尊仏山荘も、猫が来たり、人間へリコプターや裸の大将が現われたり、家族が病気を患ったりなど、いろいろな面で変わってきています。

登山者の気質も少しずつ変わってきているように思います。ごく一部の人ですが、黙って山荘に入ってきて、自前の弁当を食べて、黙って出ていくような人もちらほら見られるようになりました。

挨拶もしたくないなら山荘に入ってこなければいい、外が寒いのなら防寒着を持ってくればいいじゃないかと、開き直った気分にさせられます。

街の生活では、他人と直接コミュニケーションしなくてもやっていける部分が多くなってきていますが、山小屋の営みは、人のつながりなしには成り立たないことを知ってほしいのです。

しかし、人の変化以上に大きく変わってきているのが自然環境です。

今、丹沢の自然はたいへんな変わりようといってもいいほどです。笹が枯れ、ブナの木が立ち枯れ、神奈川県のオアシス、水源として大切な丹沢が、いつ裸の山になってもおかしくないほど悲鳴を上げています。

民と官、それぞれに協力し合い、毎年、緑化事業のひとつとして植林などに努めておりますが、自然界は百年くらいのスパンで見ないと、本当のようすがわかりません。少しずつでもできることから、丹沢のためになることをやっていこうと思っています。

＊

毎日富士山を眺めながら仕事ができていいですね、趣味が仕事でいいですね、とよく言われます。仕事が遊びで、遊びが仕事ならどんなにいいだろうと思いながら、一年の大半をこの山荘で生活しています。

尊仏山荘に携わってくれる人々を大切にし、小屋番や山荘が古くなっても、「山小屋は人なり」の精神で、これからもがんばっていこうと思っています。

尊仏山荘

丹沢で最も人気が高い大倉尾根コースの頂上、塔ノ岳山頂に立つ。丹沢の山小屋のなかでは最も歴史が長い小屋のひとつで、隣接する尊仏小屋のルーツは戦前にまでさかのぼる。展望のよさには定評があり、富士山をはじめ、眼下に広がる相模湾の夜景もすばらしい。麓から近いという立地のよさもあり、常連の登山者が非常に多いことも特徴で、休日はいつも登山者でにぎわっている。先代主人は、著書『丹沢尊仏山荘物語』（山と溪谷社）でも知られる山岸猛男氏。現在は花立昭雄氏が二代目として経営を引き継いでいる。なお、文中に出てくるスタッフのO氏は2011年に退職した。また、猫のミー君は2015年に永眠した。

立地＝塔ノ岳山頂、標高1491メートル。大倉から徒歩約3時間

収容人員＝120人

設立＝1955年

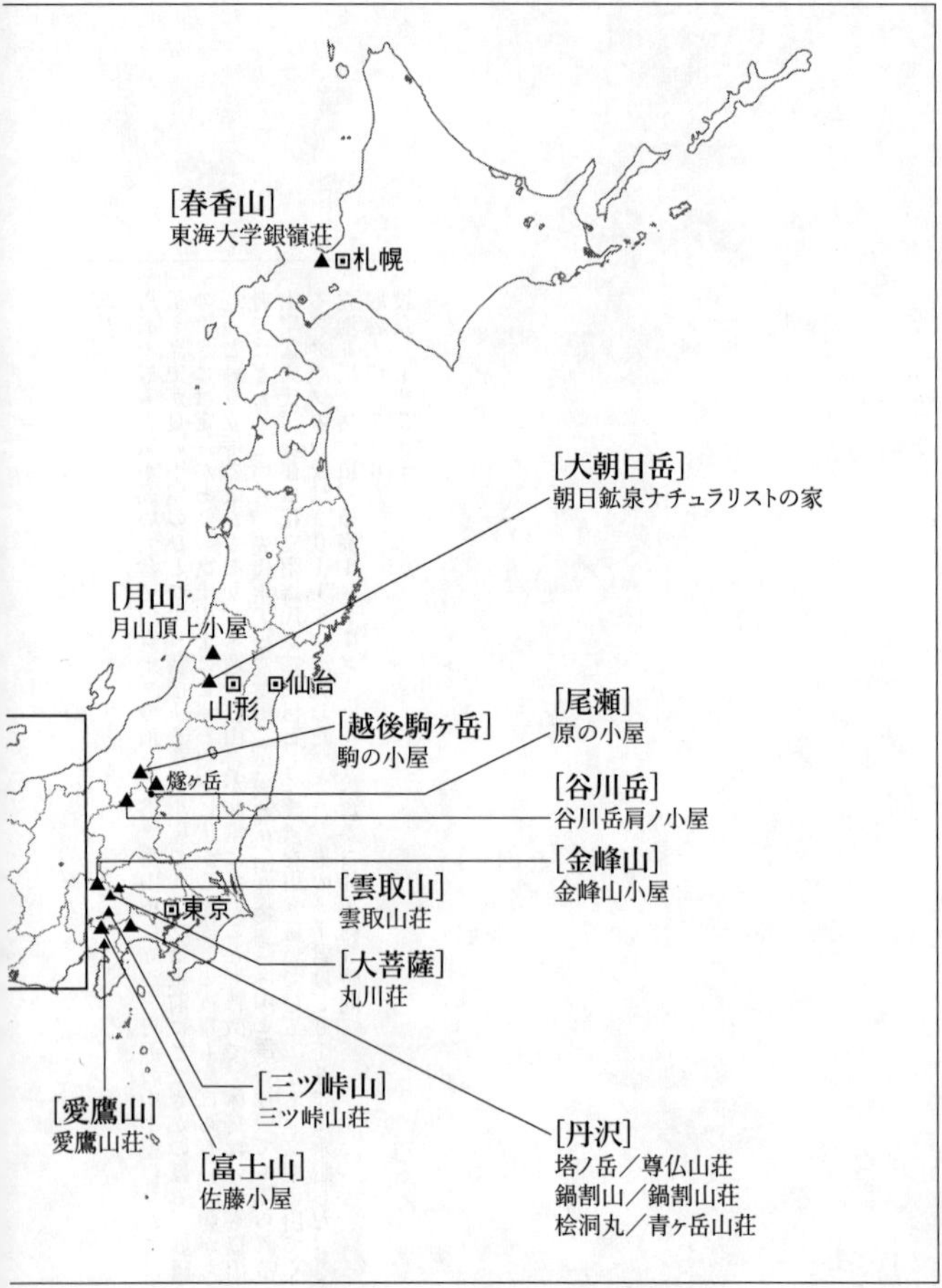
[春香山]
東海大学銀嶺荘
札幌
[大朝日岳]
朝日鉱泉ナチュラリストの家
[月山]
月山頂上小屋
仙台
山形
[越後駒ヶ岳]
駒の小屋
燧ヶ岳
[尾瀬]
原の小屋
[谷川岳]
谷川岳肩ノ小屋
[金峰山]
金峰山小屋
[雲取山]
雲取山荘
東京
[大菩薩]
丸川荘
[三ツ峠山]
三ツ峠山荘
[愛鷹山]
愛鷹山荘
[富士山]
佐藤小屋
[丹沢]
塔ノ岳／尊仏山荘
鍋割山／鍋割山荘
桧洞丸／青ヶ岳山荘

本書に登場した山と山小屋

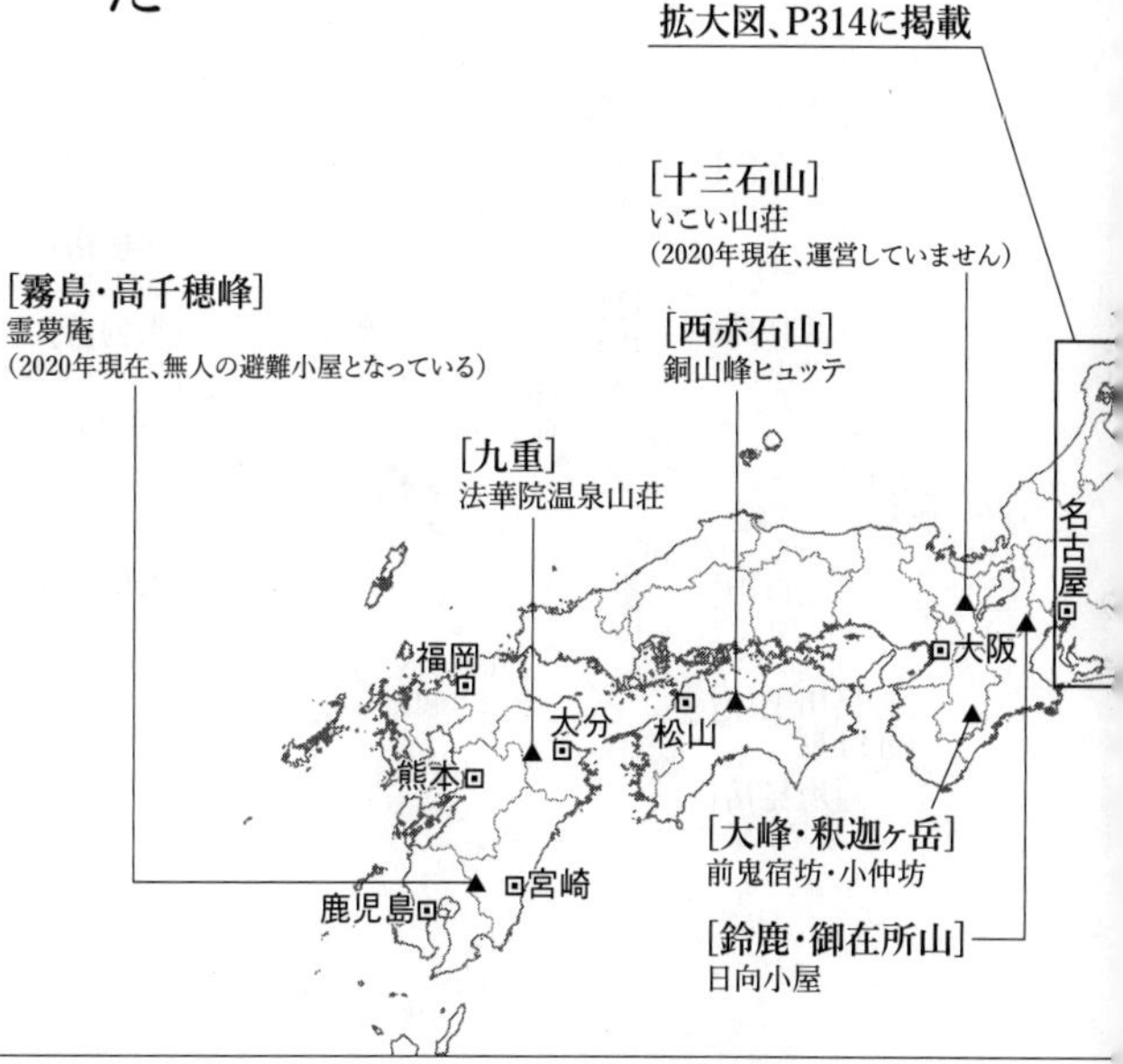

拡大図、P314に掲載
[十三石山]
いこい山荘
(2020年現在、運営していません)
[霧島・高千穂峰]
霊夢庵
(2020年現在、無人の避難小屋となっている)
[西赤石山]
銅山峰ヒュッテ
[九重]
法華院温泉山荘
名古屋
福岡
大阪
大分
松山
熊本
[大峰・釈迦ヶ岳]
前鬼宿坊・小仲坊
宮崎
鹿児島
[鈴鹿・御在所山]
日向小屋

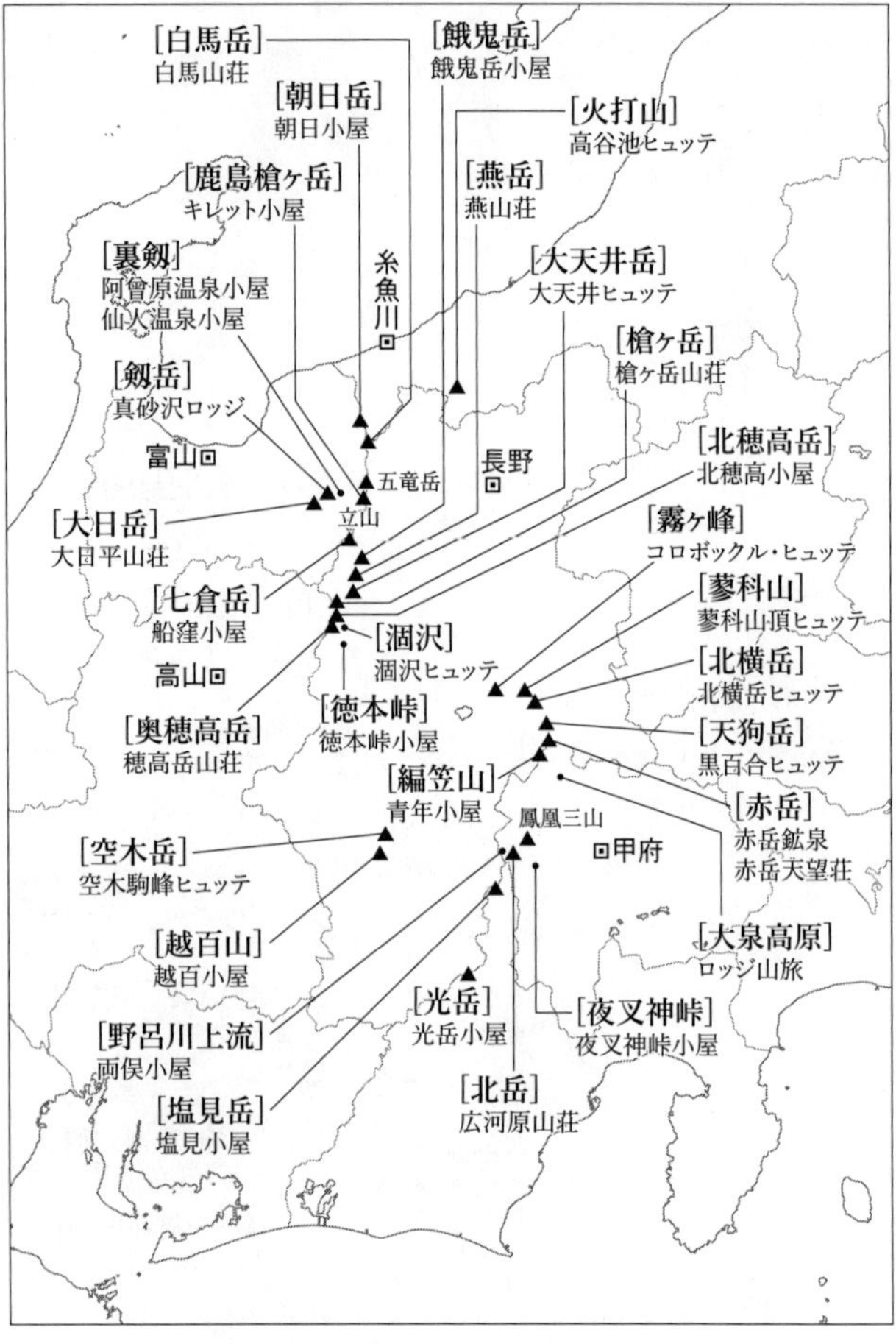
[白馬岳]
白馬山荘
[餓鬼岳]
餓鬼岳小屋
[朝日岳]
朝日小屋
[火打山]
高谷池ヒュッテ
[鹿島槍ヶ岳]
キレット小屋
[燕岳]
燕山荘
[裏剱]
阿曾原温泉小屋
仙人温泉小屋
糸魚川
[大天井岳]
大天井ヒュッテ
[剱岳]
真砂沢ロッジ
[槍ヶ岳]
槍ヶ岳山荘
富山
五竜岳
長野
[北穂高岳]
北穂高小屋
[大日岳]
大日平山荘
立山
[霧ヶ峰]
コロボックル・ヒュッテ
[七倉岳]
船窪小屋
[涸沢]
涸沢ヒュッテ
[蓼科山]
蓼科山頂ヒュッテ
高山
[北横岳]
北横岳ヒュッテ
[徳本峠]
徳本峠小屋
[奥穂高岳]
穂高岳山荘
[天狗岳]
黒百合ヒュッテ
[編笠山]
青年小屋
[赤岳]
赤岳鉱泉
赤岳天望荘
鳳凰三山
[空木岳]
空木駒峰ヒュッテ
甲府
[越百山]
越百小屋
[大泉高原]
ロッジ山旅
[光岳]
光岳小屋
[夜叉神峠]
夜叉神峠小屋
[野呂川上流]
両俣小屋
[北岳]
広河原山荘
[塩見岳]
塩見小屋

寄稿　山小屋を持続的に運営できる環境とは

文＝花谷泰広

２００８年に刊行された『小屋番三六五日』が再編集され、文庫版として刊行されるにあたり、「『現代の小屋番』の代表格として寄稿をお願いしたい」という、ありがたいお話をいただいた。正直なところ、お引き受けするかどうかとても悩んだ。

私は２０１７年４月より甲斐駒ヶ岳黒戸尾根にある七丈小屋の管理人を務めているが、自分のことを「小屋番です」とはとても言えない。ましてやこの本に登場されている皆様の前では……。もちろん小屋に入れば一生懸命立ち働いていることは間違いないが、今回この本を再読させていただき、やはり自分は小屋番ではないことを再認識した。現場に小屋番がいなければ山小屋は機能しない。今の七丈小屋は、私がいなくても充分に機能するからだ。

この本に登場する小屋のいくつかは実際にお世話になったことがあるので、小屋の様子やスタッフの皆様の動きを想像しながら読ませていただいた。また、今のようにヘリコプターの輸送能力を最大限に活かす前の時代のお話には背筋が伸びる思いだった。現代の山小屋は、設備やサービスは驚くほど良くなった。しかし元を正せば、先人が大きな決意と過酷な労働環境のもとに建てた山小屋を引き継がせてもらっているに過ぎない。登山に限らず、リアルに昔の話を聞ける機会が少なくなっている。長年小屋番をされている方がいる小屋に泊まり、お話が聞けるというのは、改めてとてもありがたいことだと感じた。

＊

私は2007年に山梨県北杜市に移住した。甲斐駒ヶ岳や瑞牆山といったフィールドが市内にあるという恵まれた環境であるだけでなく、北アルプス方面は2時間圏内、都心からもたったの2時間。山岳ガイドとして仕事をしつつ、年に数回のペースで海外の登山に出かけるライフスタイルを送っていた私にとっては、日本じゅうどこを探してもここ以外を拠点にする理由はないと思った。ガイド目線で考えても、仕事のすべてが市内で完結できるぐらいのポテンシャルがあると感じていた。一方で、これだけ素晴らしいフィールドがあるにもかかわらず、地元はその魅力をしっかり活かせていなくて「もったいないないなあ」と感じていたが、当時の私にはそれをどうにかしたいという思いは皆無であった。

人生の転機は13年のピオレドール受賞だった。もともとプレイヤーとしての自分の能力の限界を悟っていたので、ひとつの結果を残せたことが次へのアクションを起こすきっかけとなった。かねてから気になっていた課題がふたつあり、その解決を試みることを始めた。

そのうちのひとつが、素晴らしい山岳資源を活かすことで、この地域の活性化に寄与したい、ということだった。その構想のスケールはやや大きめだった。個人や有志だけの取り組みをまずは始めてみてもいいかもしれないが、課題を抜本的に解決するには、たとえば自治体そのものを動かすようなことをしなければならないと考えていた。しかしどうやったら動かせるのか。打開策を見いだせないまま悶々としていたとき、七丈小屋の話がやってきた。

七丈小屋は先代の管理人さんが20年間ひとりで守り抜いてきた。私はガイド仕事でもトレーニングでもよく通っていたので、管理人さんには親しくしてもらっていた。14年、後継ぎに手を挙げてくれそうな人を探しているという相談を受けた。「誰かいい人いないかねー、花ちゃん」という問いに、言葉を濁した。ご存じの方も多いだろうが、ここは標高2200mある甲斐駒ヶ岳黒戸尾根を、1600m登ったところにある山小屋だ。規模が小さい上にアプローチは長く、自然環境は厳しい。これを引き継ぐ人はなかなかいないだろうと考えていた。このときは、私自身も山小屋を運営するという視点しかなかった。しかし翌年、また同じ相談を受けたとき、何か閃くものがあった。1年前より自分の考えが深まり、少し具体的になっていたのだと思う。小屋を運営する大変さよりも、その先に広がる一本の線が見えた。これなら私でも地域や社会に貢献できるかもしれない。

「抜本的な課題の解決には、自治体そのものを動かす必要がある」という自分なりの仮説を解決できる唯一の手段が、七丈小屋を運営することだった。なぜなら七丈小屋は、指定管理者制度によって運営されている山梨県北杜市の公共施設だからである。指定管理者は市との関係性が深くなることから、行政と一体になってさまざまなことを進められる可能性がある。その結果として、地域の発展に寄与するような活動に結びつけたいと考えた。山岳資源が豊かなこの地域は、しっかりとその魅力を活かすことができれば可能性は無限大である。この本来の目的は、北杜市とTHE NORTH FACEの包括連携協定の締結で歩みだすことができそうだが、この話は別の機会に語りたい。

＊

さて、まずは山小屋の安定的な運営を達成しなければならなかったが、七丈小屋の課題は明確だった。先代が人生をかけてインフラを整備してくれていたので、いかに利用してもらいやすい小屋に生まれ変わらせるかだけであった。それに甲斐駒ヶ岳という唯一無二の名峰の山小屋である。非常に楽観的だが、直感として「これはどうにかなる」と思った。これまでの七丈小屋にはなかった情報発信や予約制の導入だけではなく、旅行業を取得して活用するなどアイデアを具現化させていった。スタッフの献身的な努力のおかげでようやく軌道に乗り始めた矢先、19年秋には台風19号、20年にはコロナの影響を受けた。通年営業であるにもかかわらず、1年のうち4カ月もの休業を余儀なくされた。考え方そのものを変えなければ、持続的な山小屋の運営は不可能であると気づいた。

台風による被害は今後も起こり得るだろうが、これに関しては被害が大きくならないよう祈るしかない。もちろん、気候変動に関心を持ち、アクションを起こすことは必要だ。しかしコロナによる社会の変化には、適応していくしかない。

コロナが落ち着いたとしても、もはや山小屋は、以前の定員に戻すことはできないだろう。お客様には快適な小屋での滞在を楽しんでいただける一方で、週末を中心にご予約をお断りせざるを得ないケースも増え、登山機会の喪失につながりかねない。七丈小屋の周辺にはほかに泊まれる小屋がないので、近くの小屋に行ってもらうわけにもいかない。休日の分散化など、社会全体の構造が変化しない限り、根本的な解決にはならないだろう。また、これまでは小屋の収益がある程度確保されていたからこそ、施設のメンテナンスや登山道の整備といった環境整備にも人員とお金を配分することができた。しかし定員を減らすにもかかわらず今までのやり方を続けるなら、大幅な値上げをするしか選択肢はない。ある程度の値上げにはご理解をいただけるだろうが、たとえば定員を半分にするからといって価格を倍にすればいいという単純な話ではない。これまで提供していたサービスを見直すことによって効率化を図り、仕入れや必要スタッフ数を見直し、経営を改善しなければならない。また、主に山小屋が担っていた環境整備については、登山というアクティビティの受益者である山小屋やガイド、登山者、そして行政を巻き込んだ仕組みを考える必要があるだろう。

現在の登山社会においては、山小屋は重要な山のインフラだ。しかし山小屋がなくなるということは、山小屋がない時代の登山の考え方に戻るだけだ。登山道も含めて、何もサポートがないことを前提に物事を考えればいいだけである。当然のことながら登山者がほぼいなくなるので、登山ビジネスは成り立たなくなるが、登山文化そのものは新しい方向に向かうだけで失われるわけではない。誤解を恐れずに言えば、登山者としての私は、登山道がなくなろうが山小屋がなくなろうが困らない。また、レジャー白書によると、日本の登山人口は全人口の1割にも満たない少数派だ。ということは、そもそも9割の人にとっては何も困らない問題なのだ。さまざまな問題を解決するために行政だけを頼りにするのは、もはや限界であることは言うまでもない。
私は、山小屋や登山道があることによって発展した現在の登山文化を継承して、より発展させたい。今後はこれまで以上に持続的に山小屋を運営する視点と、立場を超えた連携による登山環境の維持を問われる時代になるだろう。

はなたに・やすひろ　甲斐駒ヶ岳七丈小屋を2017年から運営。南アルプスでは唯一、通年営業している。2012年、ネパール・キャシャール峰サウスピラー初登攀でピオレドール賞を受賞。日本山岳ガイド協会認定・山岳ガイドステージII。

小屋番三六五日

二〇二一年二月五日　初版第一刷発行
二〇二三年二月二十五日　初版第三刷発行

編　者　山と溪谷社
発行人　川崎深雪
発行所　株式会社　山と溪谷社
郵便番号　一〇一-〇〇五一
東京都千代田区神田神保町一丁目一〇五番地
https://www.yamakei.co.jp/

■乱丁・落丁、及び内容に関するお問合せ先
山と溪谷社自動応答サービス　電話〇三-六七四四-一九〇〇
受付時間／十一時～十六時（土日、祝日を除く）
メールもご利用ください　【乱丁・落丁】service@yamakei.co.jp
【内容】info@yamakei.co.jp
■書店・取次様からのご注文先
山と溪谷社受注センター　電話〇四八-四五八-三四五五
ファクス〇四八-四二一-〇五一三
■書店・取次様からのご注文以外のお問合せ先 eigyo@yamakei.co.jp

印刷・製本　株式会社暁印刷
定価はカバーに表示してあります

Printed in Japan ISBN978-4-635-04892-7